Weitere Titel siehe letzte Seite.

Inhalt

Demokratie

Was heißt „Demokratie"?

Große Aufregung in der Klasse 6a: Ein Schulausflug ist geplant. Aber wohin soll es gehen? Die Schüler dürfen selbst über das Ziel entscheiden. Zunächst werden Vorschläge gesammelt: Einige wollen in den Zoo, andere in ein Naturschutzzentrum, wieder andere auf einen Biobauernhof, und die restlichen Schüler möchten am liebsten eine Ölraffinerie besichtigen.

Alle Vorschläge werden an die Tafel geschrieben. Da sich die Klasse auf kein Ausflugsziel einigen kann, soll die Meinung der Mehrheit entscheiden.

Jeder schreibt sein Wunschziel auf ein Stück Papier, das er zusammenfaltet; die Klassensprecherin sammelt die Zettel ein, und dann wird ausgezählt: Von den 30 Schülern haben 14 für den Biohof gestimmt, der Rest verteilt sich auf die übrigen Vorschläge. Die Mehrheit möchte also zum Biohof. Das bedeutet, dass dieser Vorschlag nun für alle gilt. Die anderen sind zwar ein bisschen enttäuscht, aber vielleicht gewinnt ihr Wunschziel ja im nächsten Jahr.

Auf ähnliche Weise wie in dieser Klasse wird im Gemeinde- oder Stadtrat, im Landtag und natürlich auch im Bundestag über strittige Fragen geredet und abgestimmt. Alle Fragen und Probleme, die eine Gemeinschaft betreffen, werden nach Austausch von Gründen und Gegengründen durch Abstimmung entschieden, wobei der Wille der Mehrheit zählt. Denn: In einer Demokratie gilt der Mehrheitsgrundsatz.

DEMOKRATIE

Das Wort kommt aus dem Griechischen und bedeutet „Herrschaft des Volkes". Denn in einer Demokratie wählt das gesamte Volk – alle erwachsenen Bürger – die Regierung und übergibt ihr für eine bestimmte Zeit die Regierungsgewalt. Der amerikanische Präsident Abraham Lincoln (1809-1865) prägte dafür die Formel: „Regierung des Volkes, durch das Volk und für das Volk".

In dieser Schulklasse wird demokratisch über das Ausflugsziel abgestimmt.

Arten von Mehrheiten

1. Die absolute Mehrheit:
Wenn in unserem Beispiel mehr als 50 Prozent, sagen wir 17 Schüler für den Biohof gestimmt hätten, hätten sie die absolute Mehrheit gehabt. Die 13 restlichen Schüler hätten dann die Entscheidung der anderen akzeptieren müssen.

2. Die relative Mehrheit:
In unserem Beispiel hat die relative Mehrheit der Stimmen gesiegt. Das heißt, dass der Vorschlag gewonnen hat, der die meisten Stimmen bekommen hat. Hier spielt es keine Rolle, ob mehr als die Hälfte dafür waren. Diese Entscheidung könnte noch ungerechter sein: Nehmen wir einmal an, es hätte 29 Vorschläge gegeben, für jeden Vorschlag hätte es eine Stimme gegeben, nur für einen zwei Stimmen. Dann wären 28 Schüler unzufrieden gewesen.

3. Die qualifizierte Mehrheit:
Dafür werden normalerweise mindestens zwei Drittel der Stimmen benötigt. Wenn also eine qualifizierte Mehrheit von zwei Dritteln der Stimmen nötig gewesen wäre, hätten mindestens 20 Schüler für den Biohof stimmen müssen.
Die qualifizierte Mehrheit erscheint unter den drei Formen die gerechteste, weil der Anteil derjenigen, die anderer Meinung sind, am geringsten ist.

Warum entscheidet die Meinung der Mehrheit?

Auf den ersten Blick mag es ungerecht erscheinen, dass den „Verlierern“ einer Abstimmung der Wille der Mehrheit aufgezwungen wird. Für sie ist es natürlich nicht leicht, sich einer Mehrheit mit anderer Meinung unterzuordnen. Am besten wäre es, eine Lösung zu finden, mit der alle einverstanden sind. Doch leider wird man es ganz selten schaffen, alle zufrieden zu stellen. Irgendwie muss man schließlich zu einer Entscheidung kommen. Und welche Möglichkeiten gäbe es ansonsten? Gewalt aller gegen alle, wobei der Stärkste siegt und damit Recht hat. Oder ein oberster Entscheider, dem sich alle zu fügen haben.

Im Laufe der Geschichte mit all ihren Fürsten und Königen und Kaisern, mit all ihren Revolutionen und Kriegen, hat sich herausgestellt, dass tatsächlich das System der Abstimmungen und Mehrheitsentscheidungen am gerechtesten und sinnvollsten ist. Deshalb gehört aber zu den Spielregeln eines demokratischen Systems, Mehrheitsentscheidungen zu akzeptieren. Um aber die Zahl der Unzufriedenen so klein wie möglich zu halten, muss in einer demokratischen Gesellschaft die Meinung der anderen immer auch mit berücksichtigt werden. Daher wird oft lange diskutiert und auch gestritten, um einen Kompromiss zu finden – das heißt eine Lösung, mit der auch möglichst diejenigen leben können, die mit ihrer Meinung in der Minderheit sind.

Außerdem gibt es verschiedene Arten von Mehrheiten, je nachdem wie wichtig die Sache ist, über die entschieden wird. Denn: Je wichtiger und folgenschwerer eine Entscheidung ist, desto größer muss die Zahl derjenigen sein, die einverstanden sind.

Demokratie ist keine ideale Ordnung – nicht zuletzt deshalb, weil es immer eine Minderheit geben wird, die sich dem Willen der Mehrheit beugen muss. Aber sie ist diejenige unter allen Regierungsformen, die im Laufe der Jahrtausende ausprobiert wurden, die jedem einzelnen Menschen ein Höchstmaß an persönlicher Freiheit und Sicherheit garantiert.

Wofür braucht man einen Staat?

Jeder Mensch braucht andere Menschen. Auf Dauer kann niemand von uns alleine leben. Oft benötigen wir Hilfe – zum Beispiel wenn wir krank werden, zum Schutz gegen Verbrecher oder bei größeren Vorhaben wie etwa einem Hausbau. Außerdem brauchen wir viele Dinge zum Leben, die wir nicht alle selbst herstellen können: Schuhe, Bekleidung, Lebensmittel, Autos usw. Es gibt auch viele Tätigkeiten, die wir selbst nicht ausüben können, weil uns das nötige Geschick oder die Ausbildung dazu fehlt. So trägt jeder seinen Teil zum Funktionieren der Gesellschaft bei.

Daher leben wir alle in kleineren und größeren Gruppen zusammen: Eltern und Kinder bilden die Familie. Mehrere Familien leben in einem Dorf, viele in einer Stadt. Viele Menschen mit gleicher Kultur, Geschichte und Lebensweise – und meistens auch einer gemeinsamen Sprache – bilden zusammen ein Volk, wie etwa das Volk der Deutschen, der Österreicher, der Schweizer, der Italiener oder der Spanier.

Von diesem Zusammenleben hat jedes Mitglied der Gemeinschaft Vorteile. Gleichzeitig bedeutet das Zusammenleben mit anderen aber auch eine Einschränkung für den Einzelnen: Man kann nicht einfach tun und lassen, was man will, sondern muss auf die Wünsche und Gewohnheiten der anderen Rücksicht nehmen, auch wenn man dafür auf einen Teil seiner eigenen Freiheit verzichtet – die Freiheit des Einzelnen hört da auf, wo die Freiheit und die Rechte eines anderen verletzt oder bedroht werden.

Ein gutes Beispiel ist der Straßenverkehr. Wenn jeder so fahren würde, wie er wollte, ohne Rücksicht auf die anderen Verkehrsteilnehmer, ohne Ampeln und Verkehrsschilder, gäbe es sofort ein völliges Durcheinander und keiner käme mehr vorwärts. Damit das nicht passiert, muss jeder auf einen Teil seiner persönlichen Freiheit verzichten und sich an die Verkehrsregeln halten.

Damit das Zusammenleben funktioniert, gibt es in jeder Gemeinschaft Regeln und Verbote – man

Im Laufe der Geschichte hat es immer wieder Menschen gegeben, die sich mit der Frage beschäftigt haben, wozu eine staatliche Ordnung gut ist. Aus ihren Überlegungen hat sich mit der Zeit die moderne Idee vom Staat entwickelt.

Thomas Hobbes (1588–1679)

Der Engländer Thomas Hobbes glaubte, dass der Mensch von Grund auf böse sei. Deshalb brauche jede Gemeinschaft einen starken, allmächtigen Herrscher, von dem alle Macht ausgeht und der den Kampf aller gegen alle verhindert, aber für das Wohl seiner Untertanen sorgen muss.

Von Richtern über Feuerwehrleute, Lehrer und Busfahrer bis zu Müllmännern: Sie alle sind im Auftrag des Staates für die Bürger da.

John Locke (1632–1704)

Der Engländer John Locke war einer der Ersten, der sagte, der Staat sei allein dazu da, die Rechte der Menschen zu schützen. Er prägte den Begriff „Volkssouveränität“: Die Macht könne nicht von einem Herrscher ausgehen, sondern nur vom Volk.

Jean-Jacques Rousseau (1712–1778)

Der Schweizer Jean-Jacques Rousseau erklärte in seinem „Gesellschaftsvertrag“, wie in einem freien Staat vernünftige Menschen ihre Rechte freiwillig an die Gemeinschaft, das heißt den Staat, abgeben.

nennt sie in einem Staat Gesetze –, die für alle gelten und an die sich alle halten müssen. Diese Regeln oder Gesetze beschreiben sowohl die Rechte als auch die Pflichten der Mitglieder einer Gemeinschaft. In einer großen Gemeinschaft muss es jemanden geben, der dafür sorgt, dass diese Gesetze eingehalten werden und der notfalls diejenigen bestraft, die sich nicht daran halten. Diese Aufgabe übernimmt der Staat. Jeder Einzelne tritt an den Staat einen Teil seiner persönlichen Freiheit ab und bekommt dafür Schutz und Sicherheit. Der Staat sorgt dafür, dass die Rechte jedes Einzelnen geschützt werden.

Der Staat kümmert sich auch um Dinge, die jeder braucht und die von allen genutzt werden: Er baut Schulen, Schwimmbäder, Krankenhäuser, Straßen und Flugplätze. Außerdem übernimmt er für die Gemeinschaft eine Reihe von Aufgaben: Er sorgt für Arme, Kranke und alte Menschen, kümmert sich um die Ausbildung, um die Förderung von Wissenschaft und Forschung oder um den Umweltschutz. Natürlich muss dazu jeder Einzelne seinen Beitrag leisten – auch darum kümmert sich der Staat, denn er bestimmt die Höhe der Steuern, die jeder bezahlen muss, damit die von allen genutzten Dinge und Einrichtungen bezahlt werden können.

Zum Staat gehören außer der Regierung auch die Beamten und Angestellten, die im Staatsdienst stehen und den Staat gegenüber den Bürgern vertreten. Das sind zum Beispiel Standes- und Finanzbeamte, Polizisten und Bürgermeister, Lehrer und Richter, Straßenbahnschaffner, Müllmänner und noch viele andere. Und dann gehören natürlich alle Bürger eines Landes zum Staat; sie sind das Staatsvolk.

Der Staat übt also im Auftrag des Staatsvolkes die Herrschaft aus. Jedes Mitglied der Gemeinschaft hat im Grunde einen Vertrag mit der Gemeinschaft geschlossen (einfach dadurch, dass er in diesem Staat lebt), und ist so zum Staatsbürger geworden: Er muss sich an die Gesetze halten, und im Gegenzug garantiert ihm der Staat die größtmögliche Freiheit und Sicherheit.

Diese Idee vom Staat ist relativ modern und hat sich erst im Laufe vieler Jahrhunderte entwickelt. Doch es gibt auch heute noch verschiedene Staatsformen. Sie unterscheiden sich vor allem darin, wie gut der Staat für seine Bürger sorgt und wie viele Freiheiten der Einzelne hat.

Ist Demokratie die einzig mögliche Regierungsform?

Es gibt viele verschiedene Arten von Machtausübung. Früher waren am häufigsten solche, bei denen nur ein Mensch das Sagen und die Macht über alle hatte. Das konnte zum Beispiel ein König, ein Kaiser oder ein Fürst sein. Die anderen Menschen waren dann seine Untertanen – das Wort drückt schon aus, dass der König über den anderen Menschen stand, und diese unter ihm. Diese Regierungsform nennt man Monarchie. Das Wort kommt aus dem Griechischen und bedeutet Alleinherrschaft.

Die ersten Könige waren Krieger, die sich im Kampf besonders ausgezeichnet hatten. Die Gemeinschaft übertrug ihnen die Führung, da sie sich in unsicheren Zeiten von einem tapferen Krieger besonderen Schutz erhofften. Anfangs wurden Könige teilweise noch gewählt, ziemlich bald aber nahmen die Familien, aus denen ein König stammte, das Herrschaftsrecht als eine Art Erbrecht in Anspruch. Daraus entstanden später Königshäuser oder Dynastien, die oft über Jahrhunderte herrschten.

Viele Königsfamilien begründeten ihren Herrschaftsanspruch mit einer göttlichen Abstammung oder zumindest damit, dass Gott ihnen aufgrund einer besonderen Begabung die Herrschaft verliehen habe. Daraus leiteten viele Könige oder Monarchen ein absolutes Herrschaftsrecht ab. Man nennt diese Herrschaftsform deswegen auch Absolutismus. Was der König sagte, war Gesetz. Die Untertanen waren zu absolutem Gehorsam verpflichet, Widerstand oder Kritik wurden oft mit Gewalt unterdrückt.

König Ludwig XIV.

Viele Könige sorgten sehr schlecht oder überhaupt nicht für ihre Untertanen. Sie lebten in ungeheurem Prunk und Luxus, während das Volk, das gewaltige Steuern zahlen musste, Hunger litt oder für den Monarchen in Eroberungskriege ziehen musste, die den Ruhm und die Macht des Königs vergrößern sollten.

In einigen Monarchien besitzt der Herrscher auch heute noch die alleinige Staatsgewalt, etwa in Brunei und Saudi Arabien. Ähnlich ist es im Vatikanstaat – hier ist der Papst oberster Befehlshaber. In den meisten heutigen Monarchien nimmt der Monarch jedoch keinen Einfluss mehr auf die eigentlichen Regierungsgeschäfte; sie liegen in der Hand einer demokratisch gewählten Regierung und einem Parlament. So ist es zum Beispiel in Großbritannien, Belgien und Dänemark, Norwegen, den Niederlanden, Schweden und Spanien, im Großherzogtum Luxemburg und im Fürstentum Liechtenstein. Die Aufgaben des Monarchen beschränken sich darauf, den Staat würdig darzustellen und bei offiziellen Besuchen in anderen Ländern zu vertreten.

Absolutismus

Ein berühmter absolutistischer Herrscher war der französische König Ludwig XIV., der von 1643 bis 1715 regierte. Von ihm stammt der berühmte Satz „Der Staat bin ich". Das bedeutet, dass er alleine der uneingeschränkte, also absolute Herrscher war. Außer ihm hatte keiner etwas zu sagen, das Volk war nur dazu da, um ihm zu dienen.

Putsch

Wenn eine Gruppe von Menschen versucht, die Regierung eines Staates gewaltsam zu stürzen und selbst die Herrschaft zu übernehmen, nennt man das einen Putsch. Meist sind die Putschisten Militärs oder Führer bewaffneter Gruppen und verfügen somit über die nötigen Gewaltmittel. Bisweilen versuchen auch Mitglieder der Regierung, mit Hilfe von Anhängern die Herrschaft zu übernehmen; das nennt man einen Staatsstreich. Eine Revolution dagegen ist ein Umsturzversuch, den große Teile des Volkes unterstützen.

ADOLF HITLER **wusste sich die Gesetze zunutze zu machen: Nachdem er 1933 zum Reichskanzler ernannt worden war und seine Partei, die NSDAP (= Nationalsozialistische Deutsche Arbeiterpartei), bei den Wahlen**

Adolf Hitler

1933 die Mehrheit erreicht hatte, erließ er das so genannte Ermächtigungsgesetz. Das erlaubte der Regierung, in Krisenzeiten willkürlich eigene Gesetze zu erlassen. Hitler nutzte dies für seine Zwecke aus und machte sich selbst zum Diktator, zum so genannten „Führer".

Eine andere Herrschaftsform ist die Diktatur. Im alten Rom waren Diktatoren Beamte, die in Notzeiten als Herrscher eingesetzt wurden, um Ordnung zu schaffen. So lange die Diktatoren herrschten, waren alle Gesetze außer Kraft gesetzt. Wenn sie ihre Aufgabe erfüllt hatten, spätestens jedoch nach sechs Monaten, mussten sie ihr Amt wieder abgeben.

In späteren Zeiten kamen Diktatoren meistens mit List und Gewalt an die Macht, indem sie den herrschenden König oder das Regierungsoberhaupt ermordeten oder vertrieben. Man nennt das einen Staatsstreich oder Putsch. In unserem Jahrhundert wurden oft Putschversuche vom Militär gegen demokratisch gewählte Regierungen unternommen. Putschisten begründen ihr Vorgehen meistens damit, dass der Staat in einer Krise sei, mit der die aktuelle Regierung nicht fertig würde. Deshalb sei ein starker Mann notwendig, der für Ordnung sorgt. In Wahrheit geht es nur darum, Macht auszuüben, sich persönlich zu bereichern oder die Interessen einer bestimmten Bevölkerungsgruppe durchzusetzen. Deshalb finden Diktatoren auch meistens Menschen oder Gruppen, die sie unterstützen.

Diktatoren herrschen mit Gewalt und Terror. Wer sie kritisiert, eine andere politische Meinung hat und dadurch ihren Machtanspruch in Frage stellt, wird verhaftet, oft gefoltert oder gar umgebracht. Leider herrschen auch heute noch Diktatoren in vielen Ländern der Erde.

Die demokratische Idee setzt sich aber weltweit immer mehr durch. In vielen Diktaturen gibt es Menschen, die sich für Demokratie einsetzen und dafür kämpfen.

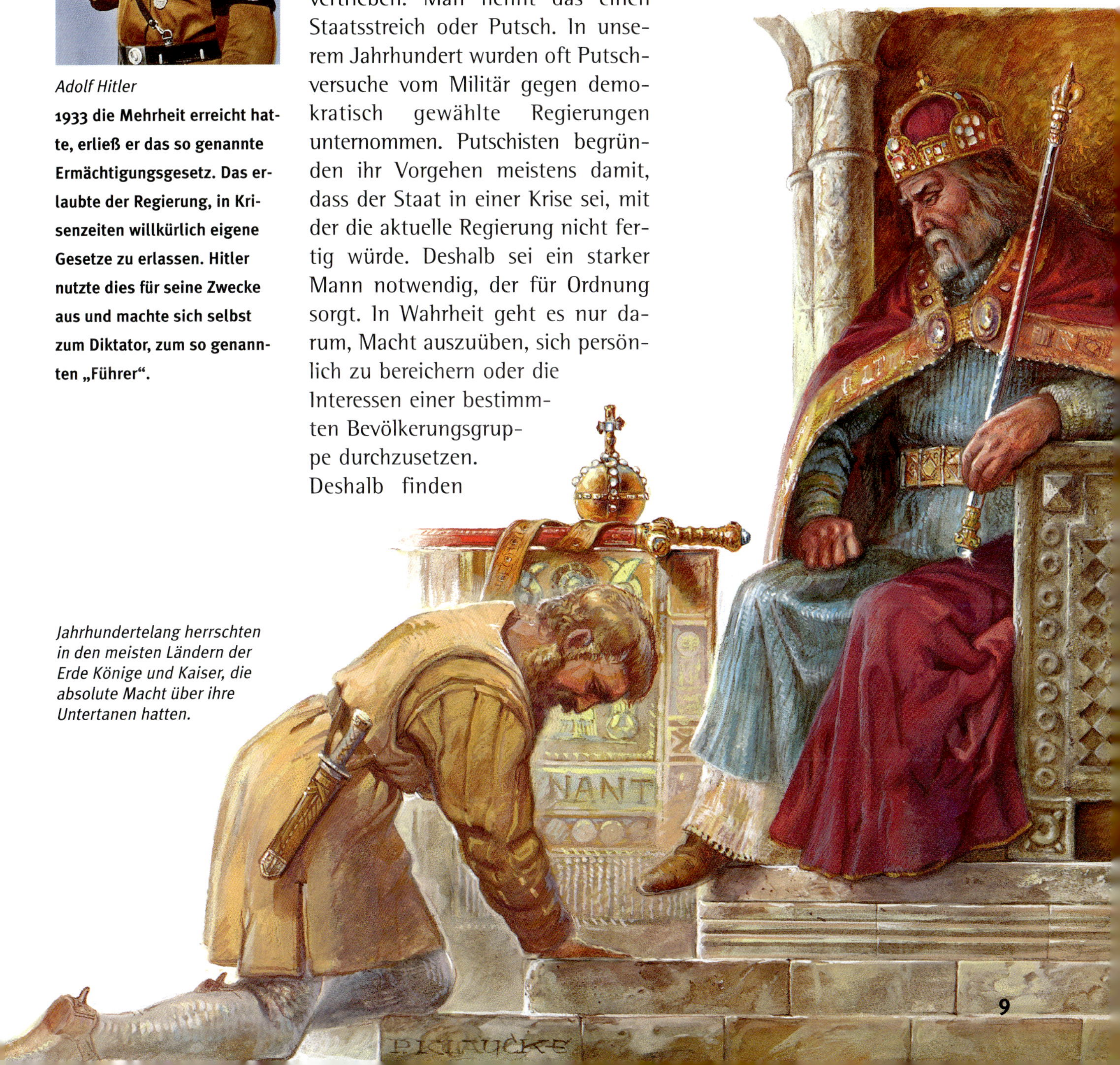

Jahrhundertelang herrschten in den meisten Ländern der Erde Könige und Kaiser, die absolute Macht über ihre Untertanen hatten.

Römische Senatoren bei einer Sitzung. Vielleicht beraten sie gerade über ein Gesetz.

Sind Demokratie und Republik dasselbe?

Viele Staaten tragen das Wort Republik in ihrem Namen: die Republik Österreich, die Bundesrepublik Deutschland, die Republik Polen und viele andere mehr.

Republik kommt aus dem Lateinischen und bedeutet so viel wie: Etwas, das für alle da ist und an dem alle beteiligt sind.

Das heißt zuerst einmal, dass eine Republik ein Staat ist, der nicht den Sonderinteressen eines Alleinherrschers oder einer kleinen Gruppe der Bevölkerung dient, sondern dem Wohle aller, also des gesamten Volkes. Das bedeutet, dass die Regierung für das Volk sorgen muss: Sie muss es vor Krieg, Hunger und anderen Bedrohungen schützen und für den Wohlstand der Staatsbürger sorgen.

Außerdem bezeichnet man jeden Staat als Republik, in dem kein Monarch oder Diktator herrscht, sondern das Staatsvolk, beziehungsweise die vom Volk gewählte Regierung.

Eine Republik muss jedoch nicht unbedingt demokratisch sein. In früheren Zeiten gab es viele Republiken, in denen nur ein Teil der Bevölkerung das Recht hatte, die Regierung zu wählen oder Regierungsämter zu übernehmen. Das waren meistens Adelige oder Reiche. Das ist undemokratisch. Denn in einer echten Demokratie muss das ganze Volk mitbestimmen dürfen.

Es gibt auch heute noch viele Staaten, die sich Republik nennen, obwohl sie keine demokratisch gewählte Regierung haben: An der Spitze steht eine Gruppe oder eine Partei, die zu wissen glaubt, was für das Volk am besten ist. Deshalb wird das Volk erst gar nicht um seine Meinung gefragt. Diese Republiken sind in Wirklichkeit eher Diktaturen. Zu diesen Staaten gehört zum Beispiel die Volksrepublik China oder die ehemalige Sowjetrepublik.

Ein Staat ist also nicht immer tatsächlich demokratisch, nur weil er sich mit dem Etikett Demokratie schmückt. Das beste Beispiel dafür ist die ehemalige Deutsche Demokratische Republik (DDR), in der es ganz und gar nicht demokratisch zuging.

DIE RÖMISCHE REPUBLIK war eine der ersten Republiken in der Geschichte. Sie wurde etwa 600 vor Christus gegründet und ging 27 vor Christus zu Ende. Den Staat leiteten der Senat und Beamte, die für zwei Jahre gewählt wurden.

IN CHINA **kam es 1989 in zahlreichen Großstädten zu Demonstrationen für mehr Demokratie. Die größte, auf dem Platz des Himmlischen Friedens im Zentrum Pekings, wurde nach wochenlangem Durchhalten am 4. Juni 1989 von der chinesischen Regierung gewaltsam aufgelöst. Viele Menschen kamen ums Leben, andere wurden verfolgt, verhaftet und eingesperrt.**

Ein Student in Peking flieht vor einem anrollenden Panzer.

Was sind die Kennzeichen einer Demokratie?

Eine echte Demokratie kann man vor allem daran erkennen, wie viele Freiheiten jeder Mensch hat. Das heißt, wie viele Rechte er hat, die ihm auch eine Regierung nicht wegnehmen kann. Zum Beispiel die Meinungsfreiheit: Darf jeder seine Meinung überall und zu jeder Zeit äußern, ohne dass er Nachteile im Beruf bekommt oder gar um sein Leben fürchten muss? Ist es erlaubt, sich zu Kundgebungen zu versammeln und Vereine zu gründen? Oder sogar politische Parteien, die womöglich gegen die regierende Partei antreten möchten?

Ein wichtiger Bestandteil einer Demokratie ist eine freie Berichterstattung von Presse, Rundfunk und Fernsehen – die Pressefreiheit. Nur dort, wo es eine freie, unabhängige Presse gibt, kann sich jeder Bürger darüber informieren, was im Staat geschieht. Wenn er damit nicht zufrieden ist, kann er seine Stimme bei der nächsten Wahl einem Gegenkandidaten geben.

Ein typisches Kennzeichen einer Demokratie ist auch, dass die Mitglieder der Regierung vom Volk gewählt werden – und zwar vom ganzen Volk. Jeder Erwachsene muss wählen dürfen und jede Stimme muss gleich viel zählen, unabhängig von Geschlecht, Vermögen, Hautfarbe oder Religionszugehörigkeit. Und: Jeder Bürger kann sich für jedes Amt wählen lassen. Ganz wichtig ist auch, dass man zwischen verschiedenen Kandidaten und Parteien wählen kann, die unterschiedliche Meinungen und Ziele haben. Ein Staat, in dem man bei Wahlen nur für eine einzige Partei stimmen kann, ist keine Demokratie.

Alle diese Rechte, die man auch Grundrechte nennt, sind in der Verfassung eines Staates festgehalten. Das ist eine Art Gesetzbuch, in dem neben den Grundrechten auch genau festgeschrieben ist, wie der Staat aufgebaut ist, wie die Regierung gewählt wird, wer im Staat welche Aufgabe hat und noch vieles mehr.

ZENSUR

In nicht-demokratischen Ländern übt die Regierung meistens Pressezensur aus. Zensur bedeutet, dass alles, was in Zeitungen, im Radio oder Fernsehen erscheinen soll, vom Staat genau kontrolliert wird: Wer etwas Schlechtes über die Regierung berichtet, bekommt Schreib- oder Redeverbot, manchmal werden auch ganze Rundfunksender oder Zeitungen verboten. Zensur als Mittel der Unterdrückung der Menschen und des freien Denkens hat eine lange Tradition. Die katholische Kirche etwa verbot jahrhundertelang Bücher, deren Inhalt ihr nicht passte. Im Nazi-Deutschland wurden die Werke jüdischer oder systemkritischer Autoren aus Bibliotheken entfernt und sogar verbrannt, Autoren verhaftet oder mit Schreibverbot belegt.

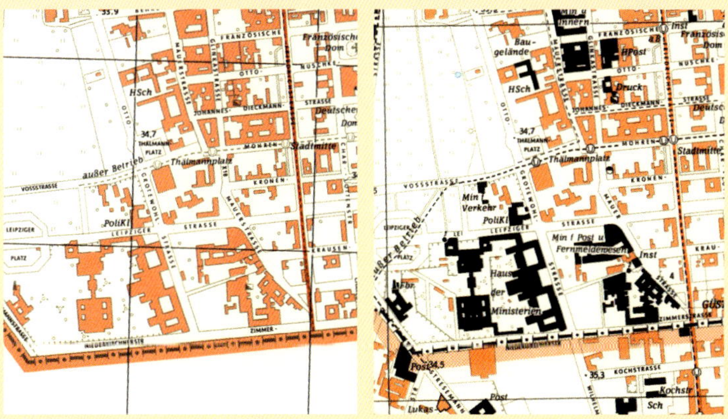

In der DDR unterlag auch Kartenmaterial der Zensur. Es gab von jeder Karte eine „Ausgabe für die Volkswirtschaft“ (AV), links, und eine „Ausgabe für den Staat“ (AS), rechts. Die Ausschnitte von Berlin-Mitte aus dem Jahr 1981 zeigen, dass öffentliche Gebäude wie Ministerien in der AV-Ausgabe nicht als solche gekennzeichnet waren. Jenseits der Mauer war Niemandsland.

Was ist ein Rechtsstaat?

An der obersten Stelle in einer demokratischen Republik steht nicht die Regierung, sondern das Recht, also die Gesetze. Sie werden von den gewählten Vertretern des Volkes beschlossen, und dann hat sich jeder, auch die Regierung, daran zu halten. Daher ist ein demokratischer Staat gleichzeitig immer auch ein Rechtsstaat: Hier herrschen festgelegte und veröffentlichte Gesetze, nicht Willkür von Polizei oder Regierung. Und wer glaubt, dass ihm Unrecht geschieht, kann vor Gericht gehen und notfalls auch die Regierung verklagen, ohne deshalb persönliche Nachteile befürchten zu müssen.

Was sind die Menschenrechte?

Schon vor über 2000 Jahren lehrten griechische Denker, dass jeder Mensch von Geburt an bestimmte Rechte hat, einfach deshalb, weil er ein Mensch ist: die Menschenrechte. Diese Rechte werden nicht von einem Staat verliehen, sondern der Mensch besitzt sie von Natur aus. Man nennt sie deshalb auch Naturrechte.

Zu diesen Rechten gehört zum Beispiel, dass jeder Mensch in Wort und Schrift frei und ungestraft seine Meinung äußern darf. Er darf unbehindert seinen jeweiligen Glauben ausüben.

Er hat das Recht auf körperliche Unversehrtheit. Das bedeutet, dass er nicht gefoltert, geschlagen oder misshandelt werden darf – weder als Strafe, noch zum Erzwingen einer Meinungsänderung oder eines Geständnisses. Die Realität sieht aber leider häufig anders aus: zum Beispiel ist in zahlreichen Bundesstaaten der USA die Todesstrafe immer noch erlaubt und wird auch tatsächlich vollstreckt, obwohl sie im Widerspruch zu den Menschenrechten steht.

Ein ganz wichtiges Recht ist die Gleichheit aller Menschen vor dem Gesetz. Niemand darf wegen seiner politischen Überzeugung, seiner Religion, seiner Hautfarbe, seiner Sprache, seines Geschlechts, seiner Abstammung oder seiner Herkunft bevorzugt oder benachteiligt werden. Es darf keine Sondergesetze geben, die nur für Schwarze, nur für Männer oder nur für Reiche gelten. Das wäre nicht demokratisch.

Die Menschenrechte gelten für jeden und sie sichern, dass jeder vor dem Gesetz gleich behandelt wird.

IN SÜDAFRIKA hatten Menschen mit dunkler Hautfarbe bis 1994 weit weniger Rechte als Weiße: Sie konnten kaum höhere Schulen besuchen, nicht die gleichen Stadtteile bewohnen, ja nicht einmal die gleichen Parkbänke benutzen. Und erst recht durften sie nicht die Regierung mitwählen.

Ein schwarzer Südafrikaner sitzt auf einer Parkbank, die für Europäer, also Weiße, reserviert ist.

Diesen Davidstern mussten im Nazi-Deutschland alle Juden deutlich sichtbar an ihrer Kleidung tragen, damit man sie von den „echten“ Deutschen unterscheiden konnte.

Zwischen 1933 und 1944 wurden den Juden in Deutschland und in deutsch besetzten Gebieten immer mehr Rechte abgesprochen, weil sie angeblich eine minderwertige „Rasse“ waren. Sie durften ihre Berufe nicht mehr ausüben, ihr Vermögen wurde eingezogen. Später ließ man sie nicht einmal mehr ein Radio besitzen oder Straßenbahn fahren – und schließlich wurden sie auf Befehl des Nazi-Regimes unter Hitler zu Millionen in Konzentrations- und Vernichtungslagern umgebracht.

In einer Demokratie sind die Menschenrechte unantastbar; das heißt, niemand darf sie einem Menschen nehmen – die Menschenrechte gelten immer und für jeden, auch für den schlimmsten Verbrecher. Denn sie sollen die Würde des Menschen schützen: Jeder Mensch ist wertvoll, weil er ein Mensch ist, und deshalb hat er ein Recht auf eine bestimmte, nämlich menschenwürdige Behandlung. Deshalb darf kein Staat einem Menschen diese Rechte wegnehmen, sondern der Staat hat darauf zu achten, dass niemand sie verletzt.

Die Menschenrechte sind die Grundlage aller Demokratien. Denn nur gleichberechtigte, freie Menschen können gemeinsam einen friedlichen und gerechten Staat aufbauen. Daher haben alle demokratischen Staaten die Menschenrechte in ihre Verfassung aufgenommen. Im erwünschten Idealfall stehen sie über allen anderen Gesetzen – demnach darf kein Gesetz die Menschenrechte verletzen.

Die Vereinigten Staaten waren 1776 die Ersten, die die Menschenrechte in ihre Verfassung aufnahmen: „Folgende Wahrheiten bedürfen für uns keines Beweises: Dass alle Menschen gleich geschaffen sind; dass sie von ihrem Schöpfer mit gewissen, unveräußerlichen Rechten ausgestattet sind; dass dazu Leben, Freiheit und das Streben nach Glück gehören.“

Es hat lange gedauert, die Menschenrechte selbst in den demokratischen Staaten durchzusetzen – sogar in den USA hat es bis 1865 noch Sklaverei gegeben: Die dunkelhäutigen Sklaven waren der Willkür ihrer weißen Besitzer fast schutz- und rechtlos ausgeliefert.

Allerdings werden in vielen anderen, nicht-demokratischen Ländern noch immer Menschen gefoltert; zur Strafe, weil sie eine andere Meinung als die Machthaber geäußert haben, als Abschreckung für weitere Regierungsgegner, oder damit sie andere Kritiker verraten. Oder es werden Menschen aufgrund ihrer Hautfarbe, Religion, Herkunft oder Meinung unterdrückt. Die internationale Menschenrechtsorganisation Amnesty International listet Jahr für Jahr Menschenrechtsverletzungen in über hundert Ländern der Erde auf.

Eine Sklavenauktion in den Südstaaten der USA um 1861, bei der Menschen wie Ware versteigert wurden.

Geschichte der Demokratie

Wo hat sich die erste Demokratie entwickelt?

Die ersten demokratisch regierten Staaten entstanden vor über 2000 Jahren im antiken Griechenland. Dort hatten sich auf der griechischen Halbinsel Peloponnes an der Mittelmeerküste verschiedene Stadtstaaten gebildet. Diese Stadtstaaten, die man auch Polis nennt, bestanden nur aus dem Stadtgebiet und den darum herumliegenden Äckern – sie waren also sehr klein. Die Polis waren alle selbstständig und unabhängig voneinander. Ein vereinigtes großes Königreich wie in Ägypten hatte sich in Griechenland nicht gebildet. Der Grund dafür mag in der Geografie Griechenlands liegen: zerrissene Küsten mit vielen Buchten sowie Tausende von Inseln.

Die größte griechische Polis war Athen. Die Bevölkerung in Athen bestand aus adeligen Landbesitzern, Kaufleuten, Handwerkern und Bauern. Ursprünglich hatten dort Könige geherrscht, die aber 683 vor Christus abgesetzt wurden. Sie wurden durch die so genannten Archonten ersetzt. Das waren Beamte, die jeweils für ein Jahr das Regierungsamt übertragen bekamen und von der Volksversammlung ernannt wurden. Die Mitglieder der Volksversammlung wiederum wurden von den Bürgern gewählt. Damit war Athen zwar eine Republik, aber noch lange keine echte Demokratie:

Polis

Vom griechischen Wort Polis, das Stadt bedeutet, stammt auch unser Begriff „Politik“. Die Bürger der Polis nannte man Politis, das heißt so viel wie: diejenigen, die sich um die Polis, also um den Stadtstaat, kümmern.

In der griechischen Polis war jeder Bürger dazu verpflichtet, an den Versammlungen teilzunehmen, zu wählen oder ein Amt zu übernehmen. Wer das nicht tat, wurde bestraft.

Die Bürger Athens haben sich auf dem Marktplatz versammelt.

Erstens konnten nur Adelige Archonten werden, zweitens durfte zwar jeder Bürger wählen, da aber viele arme Leute hohe Schulden bei den reichen Adeligen hatten, mussten sie diesen ihr Stimmrecht abtreten.

Wer begründete die Demokratie?

Der eigentliche Begründer der Demokratie in Athen war Solon. Er wurde 594 vor Christus als eine Art Friedensrichter eingesetzt, als es große Unruhen in Athen gab. Um die Ordnung wiederherzustellen, erließ Solon verschiedene Gesetze – die berühmten Solon'schen Gesetze. Zuerst befreite er die Armen von ihren Schulden, damit sie nicht mehr dazu gezwungen waren, ihr Stimmrecht bei Wahlen zu verkaufen. Er teilte das Volk in vier Klassen ein. Zu welcher Klasse man gehörte, hing davon ab, wie viel Geld oder Land man besaß. Zwar durften wieder nur die Angehörigen der ersten Klasse, also die Reichen, Staatsämter übernehmen, aber alle vier Klassen durften die Volksversammlung wählen. Solon ließ auch zum ersten Mal die Gesetze schriftlich festhalten, so dass sich jeder Staatsbürger über seine Rechte informieren, und diese notfalls einklagen konnte.

Solon gilt als Begründer der athenischen Demokratie.

Eine weiterentwickelte Demokratie entstand erst knapp hundert Jahre später unter Kleisthenes: Er stellte alle Bürger rechtlich gleich. Das heißt, dass jeder Bürger gleiches Stimmrecht hatte und sich auch für alle Ämter wählen lassen konnte. Außerdem war jeder Bürger automatisch Mitglied der Volksversammlung.

Wer saß in der Volksversammlung?

Die Versammlung bildete freilich nicht „das Volk“, also alle Einwohner der Stadt, sondern nur die „freien Bürger“ oder Vollbürger. Ausgeschlossen blieben Frauen, Ausländer, Sklaven und andere Einwohner – und diese stellten bei weitem die Mehrheit. Dennoch bürgerte sich damals der Begriff Demokratie, also Volksherrschaft, für diese Regierungsform ein. Denn zumindest unter den Vollbürgern galt der Grundsatz der Gleichheit: Jeder hatte die gleichen Rechte und Pflichten, keiner galt als von Geburt oder durch göttlichen Einfluss über den anderen stehend. Jeder durfte (und musste sogar) an den Diskussionen über öffentliche Probleme teilnehmen und sich an den Wahlen beteiligen. Er hatte unter Umständen die Verpflichtung, ein Staatsamt zu übernehmen und über getroffene Entscheidungen Rechenschaft abzulegen.

Die Demokratie in Athen endete, als König Alexander der Große von Mazedonien im Jahre 338 vor Christus die Stadt eroberte, und die Athener den mazedonischen König als Herrscher anerkennen mussten.

Dauert die athenische Demokratie bis heute an?

Auch wenn die Volksherrschaft in Athen nur wenige Jahrhunderte bestand, ist sie doch die Vorgängerin aller modernen Demokratien. Doch es sollte nach ihrem Untergang über 2000 Jahre dauern, bis diese Idee erneut Wirklichkeit wurde.

Was war die Magna Charta?

Im Mittelalter herrschten in ganz Europa Fürsten und Könige. Ihre Macht war jedoch nicht absolut. Die Könige waren von ihren Rittern und Baronen abhängig, weil sie für ihre Kriege Geld und Soldaten von ihnen brauchten. Besonders in England wurde die Königsmacht deshalb schon sehr früh eingeschränkt.

Im Jahre 1215 wurde König Johann Ohneland, der Bruder von Richard Löwenherz, von seinen Baronen dazu gezwungen, die Magna Charta anzuerkennen. Die Magna Charta war ein Schriftstück, in dem vor allem die Rechte des Adels schriftlich festgehalten wurden, aber auch die der Bauern und der

ARISTOTELES

Der griechische Philosoph Aristoteles (384-322 v. Chr.) war einer der Ersten, der sich Gedanken über das menschliche Zusammenleben und über bestimmte Staatsformen machte. Die Demokratie sah er als eine unvollkommene Staatsform an, weil er der Meinung war, dass nicht jeder Mensch dazu geeignet sei, politische Entscheidungen zu treffen oder zu regieren. Regieren sollten nur solche Menschen, die besondere Begabungen und eine hohe Bildung hatten.

Neben Athen gab es eine Reihe anderer Polis auf der Peloponnes, die ähnlich wie Athen organisiert waren. Man nennt die griechische Halbinsel deshalb auch „Wiege der Demokratie“.

Die wichtigsten Stadtstaaten

Die handgeschriebene Urkunde der Magna Charta aus dem Jahre 1215

Der wütende König Johann Ohneland nach der erzwungenen Unterzeichnung der Magna Charta

Ober- und Unterhaus

Die zwei Kammern des englischen Parlaments gibt es auch heute noch. Im Oberhaus sitzen die Lords, die entweder aus adeligen Familien kommen oder von der Königin ernannt worden sind. Die Vertreter des Unterhauses werden vom Volk gewählt.

Eine Sitzung des Oberhauses unter der Leitung von Königin Elisabeth I. (1550-1603)

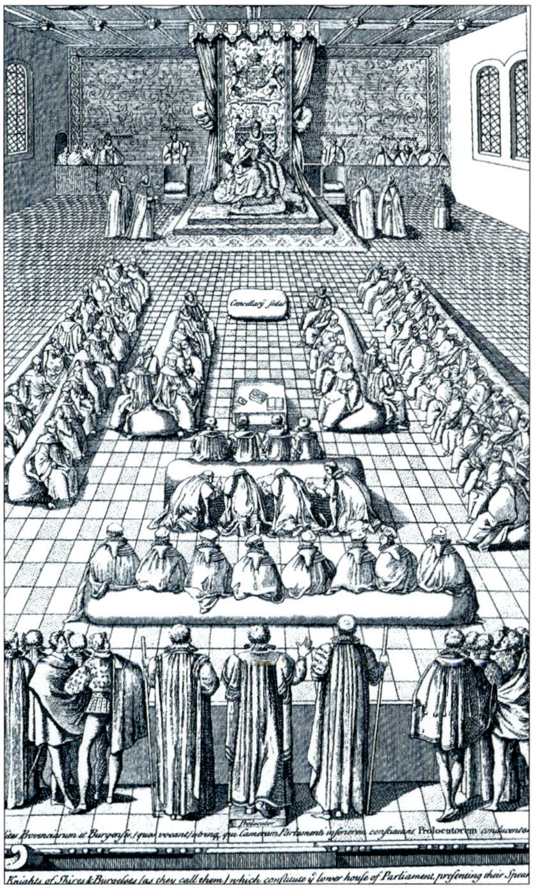

Kaufleute. Sie war also eine Art Verfassung, in der Gesetze und Rechte niedergeschrieben waren, an die sich – und das war das Neue – auch der König halten musste. Darüber hinaus enthielt der handgeschriebene Urkundentext auch ein Mitbestimmungsrecht der Barone: Wenn der König Gesetze ändern oder die Steuern erhöhen wollte, brauchte er von nun an die Zustimmung der Barone, die den „Allgemeinen Rat“ bildeten. Ab dem 13. Jahrhundert wurde dieser „Allgemeine Rat“ Parlament genannt, in dem ab 1265 auch der niedere Adel und zwei Bürger aus jeder Stadt vertreten waren.

Im Laufe der Zeit teilte sich das Parlament in das so genannte Oberhaus (House of Lords), in dem nur noch die Barone saßen, und das Unterhaus (House of Common), mit den Vertretern der Grafschaften und der Städte.

Das Parlament gewann zunehmend an Einfluss. Vor allem das Unterhaus, in dem die Vertreter des Volkes saßen, wurde immer bedeutender. Das lag daran, dass vor allem die Kaufleute in den Städten mit der Zeit sehr reich geworden waren und nun auch im Staat mitbestimmen wollten. Das Oberhaus, in dem der reiche Hochadel vertreten war, stand bei Streitigkeiten meistens auf der Seite des Königs.

Im Laufe der Jahrhunderte versuchten die Könige immer wieder, die Rechte und die Macht des Parlaments einzuschränken.

Hielten sich die englischen Könige an die Magna Charta?

Das Parlament wiederum versuchte, immer mehr Rechte zu bekommen. Mit der Zeit beanspruchte das Parlament das alleinige Recht, Gesetze zu erlassen.

Oliver Cromwell

Die Streitigkeiten zwischen König und Parlament erreichten unter der Regierung von König Jakob I. (reg. 1603-1625) und seinem Sohn Karl I. (reg. 1625-1649) ihren Höhepunkt. Jakob I. war ein absolutistischer Herrscher und glaubte, er sei direkt von Gott eingesetzt worden. Deshalb müsse er sich auch nicht an Gesetze halten und schon gar nicht auf das Parlament hören – und löste es kurzerhand auf. Er musste es jedoch wieder einberufen, als er Geld brauchte, weil er eine Steuererhöhung nur mit Hilfe des Parlaments durchsetzen konnte. Die Parlamentarier dachten aber gar nicht daran, ihm Geld zu besorgen, sondern forderten mehr Rechte: Sie verlangten ein Recht auf Redefreiheit und ein Mitbestimmungsrecht in Religionsfragen und der Außenpolitik. Der König war so wütend darüber, dass er das Parlament wieder auflöste und mit Gewalt Steuern einzog, Gegner einsperren und hinrichten ließ. Das stand natürlich im Widerspruch zur Magna Charta. Der König hatte also gegen das Gesetz gehandelt. Als dann sein Sohn Karl I. an die Macht kam, versuchte dieser zuerst, sich mit dem Parlament gutzustellen und unterschrieb 1628 die „Forderung der Grundrechte“ (Petition of Rights), in der die Rechte des Parlaments und der Bürger noch einmal bestätigt wurden. Aber wie sein Vater wollte auch er alleine herrschen, und so löste er 1629 das Parlament erneut auf. 1640 musste er es jedoch wieder einberufen, weil er Krieg gegen Irland führen wollte und dazu Geld brauchte. Das Parlament weigerte sich, ihm Geld zu beschaffen, woraufhin 1642 ein Bürgerkrieg begann, in dem die Armee des Königs gegen die Truppen des Parlaments unter der Führung von Oliver Cromwell (1599-1658) kämpfte. Der König verlor, wurde gefangen genommen und vom Parlament vor Gericht gestellt. Weil er Krieg gegen sein eigenes Volk geführt hatte, wurde er schließlich zum Tode verurteilt und 1649 hingerichtet. Das war zur damaligen Zeit, als die Könige als von Gott eingesetzte Herrscher galten, eine unglaubliche Sache!

Nach dem Tod des Königs wurde England unter Oliver Cromwell eine Republik, die den Namen „Commonwealth“ bekam, was so viel bedeutet wie „Wohlstand und Glück für alle“. Doch das Parlament, das

Die Hinrichtung von König Karl I. von England

Wilhelm von Oranien

Das Parlament übernahm neben der Gesetzgebung nach und nach auch Regierungsaufgaben. Die wichtigsten Vertreter des Unterhauses bildeten das so genannte Kabinett, in dem die Regierungspolitik beraten wurde. Die Mitglieder des Kabinetts nannte man Minister. Der wichtigste unter den Ministern hatte die Aufgabe, dem König die Entscheidungen des Kabinetts mitzuteilen. Er wurde Premierminister genannt, was „erster Minister“ bedeutet.

Wie entwickelte sich das englische Parlament?

Das Regierungssystem in England ist bis heute eine parlamentarische Monarchie: Es gibt zwar einen Monarchen, aber das Parlament macht die Gesetze, und der Premierminister führt mit seinem Ministerkabinett die Regierungsgeschäfte.

ohnehin schwach war, wurde 1653 von Cromwell aufgelöst, und er regierte bis zu seinem Tod 1658 wie ein Diktator. Danach wurde England wieder eine Monarchie. Der Sohn von Karl I., Karl II., kam auf den Thron; er wurde aber bald vom Parlament abgesetzt, weil er wie sein Großvater und sein Vater versuchte, alleine, also ohne das Parlament zu herrschen. Sein Nachfolger, König Wilhelm von Oranien, wurde 1689 vom Parlament eingesetzt, aber nur unter der Bedingung, dass er die „Erklärung der Grundrechte“ (Declaration of Rights) unterzeichnet. Diese machte es dem König endgültig unmöglich, ohne das Parlament zu regieren.

Diese besonderen Umstände der Thronbesteigung werden heute in der englischen Geschichte als „Glorreiche Revolution“ (Glorious Revolution) bezeichnet.

Bill of Rights

Die „Erklärung der Grundrechte“ von 1689 wurde noch im selben Jahr zum „Gesetz der Rechte“ (Bill of Rights) erweitert. Dieses war die Grundlage für die konstitutionelle Monarchie.

Die Reformation war ursprünglich eine rein religiöse Bewegung, die von Martin Luther (1483-1546) in Deutschland ausgelöst wurde und die sich gegen die katholische Kirche und den Papst richtete. Reformation bedeutet so viel wie „Erneuerung“. Martin Luther glaubte, dass die katholische Kirche nur noch Geld und Macht anhäufte und sich nicht mehr um ihre eigentlichen Pflichten, nämlich die Gemeindeseelsorge, kümmerte. Deshalb wollte er die Kirche erneuern, also reformieren.

Was hat die Reformation mit Demokratie zu tun?

Andere wichtige Reformatoren waren die Schweizer Ulrich Zwingli (1484-1516) und Johann Calvin (1509-1564).

Martin Luther

Die Folge der Reformation war die Aufspaltung in zwei Kirchen: die katholische und die protestantische. Aber die Reformation führte nicht nur zur Gründung einer neuen Kirche, es wurden außerdem erstmals demokratische Ideen entwickelt und durchgesetzt.

Der wichtigste Grundsatz der Lehre Zwinglis und Calvins war, dass alle Menschen vor Gott gleich waren – genauso wie es auch in der Bibel steht. Alle Menschen sollten deshalb auch vor dem Gesetz gleichberechtigt sein. Das war eine geradezu unglaubliche Neuerung. Bis dahin hatte man an eine von Gott gegebene Gesellschaftsordnung geglaubt: die mittelalterliche Ständeordnung. Jeder Mensch gehörte durch Geburt einem bestimmten Stand an. Die Rechte und der „Wert" jedes Einzelnen hingen davon ab, zu welchem Stand er gehörte.

Weil aber nun alle Menschen gleich waren, durfte es auch niemanden geben, der alleine über alle bestimmte. Die Gemeinden sollten sich selbst leiten, mit Hilfe von Gemeindevertretern, die von den Gemeindemitgliedern demokratisch gewählt wurden. Damit besaßen diese freien Religionsgemeinschaften von vornherein viel demokratischere Strukturen als die der Monarchie verbundenen „Amtskirchen" wie die katholische und die anglikanische Kirche in England, deren Würdenträger eben nicht demokratisch gewählt werden.

Ein anderer wichtiger Grundsatz war die Glaubensfreiheit: Jeder Mensch sollte der Kirche angehören, die er sich ausgesucht hatte. Niemand hatte das Recht dazu, anderen Menschen einen bestimmten Glauben aufzuzwingen. Das war ein großer Schritt für die Entwicklung der modernen Demokratie.

Die Puritaner

Calvin hatte vor allem in England viele Anhänger, die so genannten Puritaner. Viele dieser Puritaner waren unter der Regierungszeit von Jakob I., der katholisch war, nach Nordamerika geflohen, weil sie sich in England unterdrückt und verfolgt fühlten. Die Puritaner, die England verließen, um in den nordamerikanischen Kolonien ein Leben in Freiheit führen zu können, nannte man auch Pilgerväter.

Zum Klerus zählt man alle Amtsträger der katholischen Kirche, wie etwa Diakone, Priester und Bischöfe – also nur Männer. Sie bildeten schon im Mittelalter einen eigenen Stand innerhalb der Gesellschaft und grenzten sich scharf ab von den Laien, den einfachen Gläubigen.

Die mittelalterliche Ständeordnung: Jahrhundertelang glaubte man, dass diese Gesellschaftsordnung von Gott gegeben sei und nicht verändert werden dürfe.

Die Unabhängigkeitserklärung der Vereinigten Staaten war gleichzeitig die Verfassung des neuen Staates. In dieser Verfassung wurden zum ersten Mal die Grund- und Menschenrechte schriftlich festgehalten und zu den obersten und wichtigsten Gesetzen im Staat erhoben. Die Aufgabe des Staates war es demnach, die Freiheit und Gleichheit der Bürger zu garantieren und zu verteidigen. Diese Verfassung gilt mit einigen Änderungen noch immer. Der 4. Juli wird bis heute als Unabhängigkeitstag gefeiert.

Die Freiheitsstatue, die in der Hafeneinfahrt von New York steht, ist ein Symbol für die Freiheit der Vereinigten Staaten von Amerika.

Wie entstanden die Vereinigten Staaten?

Mit den Puritanern, die aus England geflüchtet waren, kamen die christlich-demokratischen Ideen von Gleichheit und Freiheit in die englischen Kolonien nach Nordamerika.

Dort hatten die Siedler die Erfahrung gemacht, dass sich das Volk selbst regieren konnte. Nach dem Vorbild des englischen Parlaments gründeten die Amerikaner eigene Kolonialparlamente in jedem der 13 Kolonialstaaten. Diese Parlamente sollten von nun an für die Gesetzgebung und die Besteuerung verantwortlich sein. Mit der Zeit fühlten sich die Kolonisten immer unabhängiger von England und nannten sich selbst „Amerikaner".

Die Engländer sahen das nicht gerne, schließlich gehörten die Kolonien ihrer Meinung nach zu England. Als der englische König erneut Geld brauchte, beschloss das englische Parlament, hohe Steuern in den Kolonien zu erheben. Die Kolonisten weigerten sich zu bezahlen. 1774 wurde deshalb der „Erste Kontinentalkongress" einberufen, in dem sich die Vertreter der 13 Kolonialstaaten Nordamerikas trafen. Der Kongress erklärte, dass jedes Volk das Recht habe, sich selbst zu regieren – und das könne nicht nur für die Engländer gelten. Da im englischen Parlament keine Amerikaner vertreten waren, sollten dessen Beschlüsse auch nicht mehr für die Amerikaner gelten. Außerdem wollten die Amerikaner nicht länger ihre Steuern an England zahlen. Der Kongress forderte deshalb, dass entweder auch Amerikaner im englischen Parlament sitzen oder dass nur die Kolonialparlamente für die Gesetzgebung und Steuererhebung in den Kolonien zuständig sein sollten. Als England diese Forderungen nicht anerkannte, versuchten die Amerikaner, ihre Rechte mit Gewalt durchzusetzen – es kam zur amerikanischen Revolution, in der die Amerikaner gegen die Engländer kämpften. Die Armee der Kolonisten wurde von General George Washington (1732-1799) angeführt, der 1789 der erste Präsident der Vereinigten Staaten wurde.

George Washington war von 1789 bis 1797 der erste Präsident der Vereinigten Staaten.

Am 4. Juli 1776 erklärte der Kongress in Philadelphia die Unabhängigkeit der 13 Kolonien, die ab jetzt die Vereinigten Staaten von Amerika bildeten.

Der Kongress erklärt die Unabhängigkeit der Vereinigten Staaten.

Welchen Einfluss hatte die Aufklärung?

Neben den puritanischen Vorstellungen von Freiheit und Gleichheit waren die amerikanischen Kolonisten sehr von einer Geisteshaltung beeinflusst, die sich im 18. Jahrhundert in Europa entwickelt hatte. Man nennt diese Denkrichtung Aufklärung. Der einzelne Mensch wurde nicht mehr als Untertan ohne Rechte gesehen, sondern als vernunftbegabtes Wesen, das selbst über sein Leben bestimmen könne. Man nennt die Aufklärung deshalb auch „Zeitalter der Vernunft". Die Denker der Aufklärung machten sich Gedanken darüber, wie ein Staat aussehen sollte, in dem freie, vernunftbegabte Menschen leben sollten.

Der englische Philosoph John Locke (1632-1704) war einer der Ersten, der einen Staat forderte, der im Auftrag des Volkes die Rechte aller Bürger schützte und vertrat. Er schrieb, dass die gesetzgebende Gewalt die höchste im Staat sein und vom Volk ausgehen müsse. Das Volk übertrage diese Gewalt auf ein vom Volk gewähltes Parlament. Die Pflicht der Regierung sei es, dem Volk zu dienen und zum Nutzen aller zu handeln. Handelte sie nicht so, könne das Volk sie – nötigenfalls mit Gewalt – absetzen und eine neue Regierung bilden. Allerdings war Locke Anhänger der Monarchie: Die Regierungsgewalt sollte vom König ausgehen, der natürlich nicht gewählt wurde.

Die Ideen Lockes wurden von dem Franzosen Charles Secondat de Montesquieu (1689-1755) weiterentwickelt, der als der eigentliche Wegbereiter der Demokratie gilt. Montesquieu ging noch weiter als Locke: Er wollte vor allem die Macht der Regierung beschränken und schlug deshalb vor, dass es neben der Regierung und dem gesetzgebenden Parlament eine dritte Macht im Staat geben sollte: die Richter und Gerichte, die kontrollieren sollten, ob Regierung und Parlament nach den Gesetzen handeln. Das bedeutet, dass nicht die Regierung, sondern das allgemein verbindliche Gesetz im Staat die oberste Stelle einnehmen sollte. Diese Aufteilung der Macht im Staat nennt man Gewaltenteilung. Montesquieus Ideen hatten sehr großen Einfluss auf die Französische Revolution und die Verfassung der Vereinigten Staaten.

Friedrich der Große (1712-1786) war stark von den Ideen Voltaires beeinflusst. Er bezeichnete sich selbst als „aufgeklärten" Monarchen und sah sich als „ersten Diener im Staat", der für das Wohl seiner Untertanen zu sorgen hat.

Montesquieu (1689–1755)

Montesquieu stellte sich den idealen Staat wie die Polis im alten Griechenland vor. Er setzte sich sein Leben lang für die Abschaffung des Absolutismus in Frankreich und die Einführung einer parlamentarischen Regierungsform ein. Seine „Persischen Briefe" (erschienen 1721) wurden als eines der frühesten Bücher der Aufklärung bekannt und sehr beliebt. Darin lässt er zwei Perser durch Frankreich reisen; in ihrem romanhaften Briefwechsel kritisieren und verspotten diese erfundenen Beobachter die sozialen Verhältnisse, die Politik und die Literatur Europas.

Voltaire (1694–1778)

VOLTAIRE (François-Marie Arouet) war ein wichtiger Philosoph und Aufklärer, der sich vor allem für die Freiheit der Menschen und für Toleranz einsetzte: Niemand sollte wegen seines Glaubens oder seiner politischen Meinung verfolgt werden. Er kämpfte auch gegen die Folter von Gefangenen, die damals üblich war, um „Geständnisse" zu erpressen. Er war einer der Ersten, der sich für die Menschenrechte einsetzte.

Wie kamen die Ideen aus dem Ausland nach Frankreich?

Während sich in England eine parlamentarische Monarchie entwickelt hatte und die Vereinigten Staaten als erster republikanisch-demokratischer Staat mit einer Verfassung gegründet worden waren, herrschte in Frankreich immer noch ein absolutistischer König. Die Franzosen hatten beobachtet, was in England und in den Kolonien passiert war und kannten auch die Schriften und Bücher der Aufklärer. Sie forderten deshalb die Einrichtung einer gewählten Volksvertretung.

1782 war der Marquis de Lafayette aus dem amerikanischen Unabhängigkeitskrieg nach Frankreich zurückgekommen. Er verbreitete in Frankreich die republikanisch-demokratischen Ideen, mit denen er in Amerika in Berührung gekommen war.

Wie kam es zur Französischen Revolution?

Dem französischen Volk ging es damals sehr schlecht. Es gab große Hungersnöte. Doch der König brauchte für Kriege und für sein Luxusleben viel Geld und presste den Franzosen immer mehr Steuern ab.

Als König Ludwig XVI. eine weitere Steuererhöhung durchsetzen wollte, musste er am 5. Mai 1789 die Generalstände einberufen. Die Generalstände waren eine Art Parlament, das es in Frankreich schon seit dem Mittelalter gab. Darin waren die drei Stände Klerus, Adel und der dritte Stand vertreten. Klerus und Adel sandten jeweils 300 Abgeordnete, der dritte Stand insgesamt 600, so dass nur 50 Prozent der Abgeordneten 96 Prozent der Bevölkerung vertraten! Außerdem hatte jeder Stand nur eine Stimme, Adel und Klerus konnten den dritten Stand deshalb immer überstimmen.

Ein berühmt gewordener Ausspruch Marie Antoinettes, der Frau von Ludwig XVI., zeigt, wie wenig man am Französischen Hof von den Nöten des Volkes wahrnahm: „Wenn das Volk kein Brot hat, soll es doch Kuchen essen!"

Die Aufgabe der Generalstände war die Genehmigung von Steuererhöhungen, sie waren jedoch schon 175 Jahre nicht mehr einberufen worden, weil die absolutistischen Könige Frankreichs diktatorische Alleinherrscher waren. Diesmal kam der König aber nicht darum herum. Die Generalstände verlangten nun als Gegenleistung für eine Steuererhöhung mehr Rechte.

Im Juni 1789 war das Pariser Volk wegen der hohen Brotpreise erbost, die dem König angelastet wurden. Es steckte Zollhäuser in Brand und plünderte Waffenlager. Außerdem kam es zu Kämpfen zwischen Demonstranten und Truppen des Königs. Eines der zentralen Ereignisse der Französischen Revolution war der so genannte „Sturm auf die Bastille". Dieses Gefängnis, das ein Symbol für das veraltete, monarchische System war, wurde besetzt und geplündert. Auch wenn die „Erstürmung" wesentlich weniger heldenhaft und unspektakulärer abgelaufen ist, als es meist in den historischen Darstellungen erzählt wird, war sie entscheidend für die darauffolgenden Ereignisse: die Einnahme der Bastille galt als Sieg des Volkes über den Absolutismus. Der 14. Juli ist noch heute französischer Nationalfeiertag.

Der „Sturm auf die Bastille" ist bis heute ein Symbol für die Französische Revolution.

Was passierte nach der Revolution?

Die Abgeordneten des dritten Standes beriefen eine Nationalversammlung ein, die eine Verfassung erarbeiten sollte. Als Vorbild diente die Verfassung der Vereinigten Staaten. Am 27. August 1789 verkündete die Nationalversammlung ihren Verfassungsentwurf, die „Erklärung der Menschen- und Bürgerrechte". Die Verfassung wurde dem König zur Unterschrift vorgelegt, er wollte sie aber nicht anerkennen. Als entdeckt wurde, dass der König heimlich einen Krieg gegen sein eigenes Volk angezettelt hatte, wurde er verhaftet, vor Gericht gestellt, zum Tode verurteilt und hingerichtet.

Frankreich war jetzt eine Republik, in der die Forderung des Volkes nach Freiheit, Gleichheit und Brüderlichkeit verwirklicht werden sollte. Es dauerte noch fast ein Jahrhundert bis Frankreich endgültig ein demokratisch-republikanischer Staat wurde, aber die Idee war mit der Revolution geboren.

Dieses berühmte Bild zeigt die Marianne, die als Symbol für den Freiheitskampf der Franzosen gilt. Sie trägt die französische Flagge, die Tricolore, in den Farben der Revolution.

Freiheit, Gleichheit, Brüderlichkeit

Diese Begriffe (auf französisch liberté, égalité, fraternité) gelten als Ideale der Französischen Revolution und wurden zu jener Zeit als Losung gebraucht. Sie stammen aber eigentlich aus der Aufklärung. Bei der Revolution von 1848 wurden sie zum Grundsatz der Republik erhoben. Sie sind auch in der französischen Verfassung verankert und gelten heute als Teil des französischen nationalen Erbes.

Die Erklärung der Menschenrechte

In der „Erklärung der Menschen- und Bürgerrechte“ heißt es unter anderem: „Alle Menschen sind von Geburt an frei und haben die gleichen Rechte … Es ist die Aufgabe der Regierung, diese Rechte der Freiheit, Gleichheit und Brüderlichkeit zu schützen … Die Gesellschaft hat das Recht, von jedem Staatsbeamten Rechenschaft über seine Amtsführung zu verlangen … Der Mensch hat die Freiheit, alles zu tun, sofern es anderen nicht schadet. Er hat das Recht auf Meinungsfreiheit, auf Pressefreiheit und Religionsfreiheit … Vor dem Gesetz … werden alle gleich behandelt … Jeder Mensch ist so lange als unschuldig anzusehen, bis er für schuldig befunden wurde.“

DÉCLARATION DES DROITS DE L'HOMME ET DU CITOYEN
PRÉAMBULE
AUX REPRÉSENTANS DU PEUPLE FRANÇOIS

Das französische Originaldokument der Menschenrechte

Wiener Kongress

Napoleon I. hatte weite Teile Europas unter französische Herrschaft gebracht. Nach seinem Sturz wurde von September 1814 bis Juni 1815 in Wien über die neue politische Ordnung in Europa entschieden: Die vorrevolutionären Zustände sollten wiederhergestellt werden. Die Errungenschaften der Französischen Revolution verloren somit zunächst wieder an Einfluss.

Wie kam es zur Demokratie in Deutschland?

In Deutschland hat es besonders lange gedauert, bis sich eine demokratische Regierungsform durchgesetzt hat. Erst im letzten Jahrhundert, später als in den anderen Industriestaaten Europas, löste sie die Monarchie ab.

Es gab aber schon früher Bestrebungen, auch in der deutschen Monarchie demokratische Reformen durchzuführen. Besonders im Königreich Preußen hatte man nach der Aufklärung und der Französischen Revolution erkannt, dass die Zeiten sich geändert hatten und der Staat sich anpassen musste. Karl Freiherr von Stein (1757-1831) und Karl August Fürst von Hardenberg (1750-1822) leiteten zwischen 1807 und 1810 Reformen ein, die den Bürgern größere Freiheiten gaben.

Die europäischen Staatsmänner und Monarchen beim Wiener Kongress 1814/1815

Der preußische König und andere deutsche Herrscher hatten auch eine Verfassung sowie Beteiligung der Bürger an der Macht zugesagt, diese Versprechen aber dann nicht eingelöst. Mit dem Sieg über Frankreich 1815 glaubten die Fürsten, dass auch die demokratischen Ideen erledigt seien. Das erwies sich aber als Irrtum: In den deutschen Fürstentümern waren immer mehr Menschen unzufrieden, weil mit dem Aufblühen der Industrie die Bürger immer größere wirtschaftliche Macht bekamen und daher auch nach politischem Einfluss strebten.

Ein anderes Ziel war es, ein vereinigtes Deutsches Reich zu schaffen. Denn damals gab es keinen großen deutschen Staat, sondern eine Vielzahl von größeren und kleineren selbstständigen Fürstentümern und

Königreichen. Diese sollten zusammengeschlossen werden, um so größeren Einfluss in Europa ausüben zu können.

1848 führten die politischen Spannungen in einigen deutschen Staaten sowie in Österreich zu Revolutionen, die zunächst erfolgreich waren. Die Könige versprachen wieder Verfassungen und führten Presse- und Versammlungsfreiheit ein.

Am 18. Mai 1848 trat in der Paulskirche in Frankfurt erstmals die Deutsche Nationalversammlung aus Abgeordneten aller deutschen Staaten zusammen, um ein Gesetz über die Grundrechte des deutschen Volkes zu beschließen – also eine demokratische Verfassung für ein geplantes Deutsches Reich.

Am 28. März 1849 wurde diese erste freiheitliche Verfassung der Deutschen verabschiedet. Aber die demokratischen Kräfte konnten sich noch nicht gegen die Fürsten behaupten, die über Heer und Verwaltung bestimmten. Noch im gleichen Jahr löste sich die Versammlung unter ihrem Druck wieder auf, die Reichsverfassung trat nicht in Kraft.

Dennoch bekamen in der Folgezeit viele Fürstentümer Verfassungen. Zwar waren diese nicht durch eine gesetzgebende Versammlung zustande gekommen, sondern von den Fürsten unter dem Druck der demokratischen Kräfte erlassen worden, aber sie engten doch die Macht der Obrigkeit ein und garantierten die Herrschaft des Rechts sowie gewisse Menschenrechte. Man nennt eine Monarchie, deren Herrscher zwar allein regiert, aber sich an eine Verfassung halten muss, konstitutionelle Monarchie.

Friedrich Wilhelm IV.

Eines der Hauptziele der Nationalversammlung in der Paulskirche war die Einigung Deutschlands, das kein zusammengehörender Staat war, sondern aus hunderten von König- und Fürstentümern bestand. Die Nationalversammlung wählte deshalb den preußischen König Friedrich Wilhelm IV. zum Deutschen Kaiser, der über das vereinigte Deutsche Reich herrschen sollte. Er lehnte die Krone aber ab, weil er keine Krone aus der Hand des Volkes annehmen wollte.

Die Paulskirche in Frankfurt, in der am 18. Mai 1848 die Nationalversammlung zusammentrat

DAS HAMBACHER FEST

Etwa 30 000 Menschen trafen sich auf Schloss Hambach mit der Forderung nach Demokratie.

1832 trafen sich die demokratisch gesinnten Gruppen im Schloss Hambach in der Pfalz zu einer großen Demonstration, dem so genannten „Hambacher Fest". Dort wurde in flammenden Reden die Einführung einer demokratischen Republik gefordert. Die Reaktion der Obrigkeit war eine totale Einschränkung der Presse- und Redefreiheit. Die Redner, die Demokratie und die Vereinigung des Deutschen Reiches gefordert hatten, wurden verhaftet, andere mussten ins Ausland fliehen. Das Schloss Hambach ist seither eines der Symbole der deutschen Demokratiegeschichte.

BISMARCK war von 1871 bis 1890 Reichskanzler des Deutschen Reiches. Er war nur dem Kaiser, nicht aber dem Reichstag verantwortlich. Innenpolitisch sorgte er als „eiserner Kanzler" für soziale und wirtschaftliche Reformen, förderte aber den Obrigkeitsstaat gegen die Bürger und unterdrückte die Rechte der Arbeiter.

Otto von Bismarck

Wer regierte im Deutschen Reich?

Auch das Deutsche Reich, das 1871 von Otto von Bismarck (1815-1898) gegründet wurde, übernahm die Herrschaftsform der konstitutionellen Monarchie. Kaiser wurde der preußische König Wilhelm I.

Das Deutsche Reich war ein Bund der Fürsten und Freien Städte mit einem mächtigen Kaiser an der Spitze und seinem Reichskanzler als Regierungschef. Das Deutsche Kaiserreich war ein Rechtsstaat, in dem zum Beispiel Meinungs- und Religionsfreiheit herrschten. Außerdem gab es bereits ein Parlament, den Reichstag, dessen Mitglieder in freier und geheimer Wahl gewählt wurden. Wählen durften allerdings nur die Männer, nicht die Frauen, aber das war damals in allen europäischen Demokratien so üblich. Politisch jedoch konnten die Abgeordneten nichts ausrichten: Sie durften zwar Gesetze erlassen, aber sie hatten keinen Einfluss darauf, ob sie auch eingehalten wurden. Denn das war das Vorrecht der Regierung, und die war nur dem Kaiser verantwortlich, nicht dem Reichstag. So ergingen sich die Parteien in endlosen Debatten, die aber letztlich fruchtlos blieben und dem Reichstag einen schlechten Ruf als „Quasselbude" eintrugen.

Welche Staatsform löste das deutsche Kaiserreich ab?

Das Kaiserreich brach 1918 zusammen, als Deutschland den Ersten Weltkrieg verloren hatte. 1919 wurden Wahlen zu einer verfassungsgebenden Nationalversammlung abgehalten. Wegen der Unruhen und Straßenkämpfe trat die verfassungsgebende Versammlung nicht in der Hauptstadt Berlin, sondern in Weimar zusammen. Daher nennt man den damals neu entstandenen Staat Weimarer Republik.

Kaiser Wilhelm II., der letzte deutsche Kaiser

Während sich in anderen Staaten Demokratien schon seit Jahrzehnten bewährt hatten, hatte man in Deutschland noch keine Erfahrung mit der Demokratie gemacht. Zudem bekämpften mehrere Parteien offen die Republik: Die Kommunisten wollten eine sozialistische Herrschaft des Volkes, andere wollten wieder einen Kaiser und die Nationalsozialisten eine Diktatur unter einem alleinherrschenden „Führer“.

Als 1929 die Weltwirtschaft in eine schwere Krise geriet und die Arbeitslosigkeit in Deutschland immer neue Rekorde brach, geriet die Republik ins Taumeln: Eine Wahl löste die andere ab, keine der Parteien konnte im Reichstag eine Regierungsmehrheit erringen und halten.

Schließlich ernannte Hindenburg Hitler zum Reichskanzler, weil er sich davon eine Besserung der Verhältnisse versprach. Doch der hatte nichts Eiligeres zu tun, als die Republik abzuschaffen und – unter dem Beifall des Volkes – das „Dritte Reich“ zu errichten, in dem er und seine Na-

Die Weimarer Republik

Die Weimarer Republik war eine parlamentarische Demokratie. Das Parlament – der Reichstag – beschloss die Gesetze, wählte den Regierungschef – den Reichskanzler – und die Minister der Regierung. Das Volk wählte direkt den Reichspräsidenten, der eine sehr starke Stellung innehatte und geradezu als „Ersatzkaiser“ galt: Er konnte sogar einen Mann seines Vertrauens als Reichskanzler berufen, auch ohne die Zustimmung des Parlaments.

Die Machtfülle des Reichspräsidenten war einer der Gründe für das Scheitern der Weimarer Republik.

Die schlechten Erfahrungen aus der Weimarer Republik waren prägend für spätere Verfassungsentwürfe und -ausarbeitungen.

Reichspräsident Hindenburg begrüßt Adolf Hitler, den er zu seinem Reichskanzler ernannt hat.

„Drittes Reich“ nannten die Nazis die Regierungszeit Adolf Hitlers. Sie wollten damit an frühere, glanz- und machtvolle Zeiten Deutschlands erinnern und anknüpfen. Als „Erstes Reich“ bezeichneten sie das „Heilige Römische Reich Deutscher Nation“; dieses Kaiserreich bestand von 962 bis 1806. Als „Zweites Reich“ galt das deutsche Kaiserreich unter den Hohenzollernkaisern, das von 1871 bis 1918 bestand.

Das Reichstagsgebäude in Berlin Ende des 19. Jahrhunderts, das im Zweiten Weltkrieg stark beschädigt wurde.

IN ÖSTERREICH, das von Hitler dem Deutschen Reich angeschlossen wurde, war die Entwicklung ganz ähnlich wie in Deutschland. Es wurde nach dem Krieg in vier Besatzungszonen aufgeteilt. 1945 fanden die ersten demokratischen Wahlen statt. Österreich ist seither eine demokratische Bundesrepublik.

Theodor Heuss war von 1949 bis 1959 der erste deutsche Bundespräsident.

tionalsozialistische Partei die alleinige Macht innehatten, die sie mit Hilfe einer Geheimpolizei (Gestapo) und den Kampftruppen der SA und der SS mit Terror und Gewalt verteidigten. Das „Dritte Reich" führte in einen schrecklichen Krieg, der schließlich die Nazi-Herrschaft beendete.

Wie wurde die Bundesrepublik Deutschland gegründet?

Nachdem Deutschland den Zweiten Weltkrieg verloren hatte, führten die Besatzungsmächte USA, England und Frankreich im Westen Deutschlands erneut die parlamentarische Demokratie ein. Sie erteilten den Ministerpräsidenten der westdeutschen Länder 1948 den Auftrag, eine verfassungsgebende Versammlung einzuberufen, die eine demokratische Verfassung ausarbeiten sollte. Diese zögerten allerdings zunächst. Denn den Osten des Landes hatte die Sowjetunion besetzt, die keine Demokratie wollte. In der so genannten „Ostzone", die von der Sowjetunion besetzt war, wurde eine sozialistische Republik errichtet – die DDR. 1946 wurde dort die Sozialistische Einheitspartei (SED) gegründet, die bis 1989 alleine herrschte. Die neue Verfassung konnte also nur für Westdeutschland gelten. Weil man hoffte, dass die beiden Teile Deutschlands eines Tages wieder vereinigt würden, sah man die Verfassung, das Grundgesetz, nur als vorläufig an.

Am 23. Mai 1949 trat das Grundgesetz in Kraft. Kurz darauf wurden der erste Bundestag als Volksvertretung, der erste Bundespräsident Theodor Heuss als Staatsoberhaupt und der erste Bundeskanzler Konrad Adenauer als Regierungschef gewählt. Damit war die Gründung der Bundesrepublik Deutschland mit der provisorischen Hauptstadt Bonn vollzogen. Einen Monat später gründete die Sowjetunion im östlichen Teil Deutschlands die Deutsche Demokratische Republik (DDR) mit der Hauptstadt Ost-Berlin, die jedoch in Wirklichkeit weder demokratisch noch eine Republik war, sondern von der SED diktatorisch gelenkt wurde: Es gab keine freien Wahlen, weil es praktisch nur diese eine Partei gab – und die hatte, wie es in einem DDR-Lied hieß, immer Recht.

Seit der Wiedervereinigung der Bundesrepublik Deutschland mit der ehemaligen Deutschen Demokratischen Republik am 3. Oktober 1990 gilt das Grundgesetz für ganz Deutschland.

Mit nur einer Stimme Mehrheit wurde Konrad Adenauer zum ersten deutschen Bundeskanzler gewählt.

Wie ein demokratischer Staat funktioniert

Was unterscheidet direkte und repräsentative Demokratie?

Im Stadtstaat Athen versammelten sich regelmäßig alle Bürger der Stadt auf dem Marktplatz, um über Gesetze und Vorhaben ihre Meinungen auszutauschen und sie per Abstimmung zu beschließen. So funktionieren Abstimmungen in einer direkten Demokratie. Auf diese Weise wird auch heute noch abgestimmt, zum Beispiel in Vereinen, Schulklassen oder anderen relativ kleinen und überschaubaren Gruppen.

In modernen Staaten mit Millionen von Einwohnern lässt sich Politik nicht mehr auf diese Weise betreiben. Es wäre gar nicht möglich, alle Bürger an einem Platz zusammenzurufen, geschweige denn, ihre Meinung abzufragen. Wenn über jedes Gesetz viele Millionen Menschen diskutieren müssten, käme außerdem nie eines zustande.

Hinzu kommt, dass man heute eine Menge Fachwissen braucht, um sinnvolle Entscheidungen treffen zu können. Wer zum Beispiel beurteilen will, ob der Bau einer ICE-Trasse, eines Flughafens oder eines Atomkraftwerkes wirklich sinnvoll ist, muss nicht nur viel über deren Technik wissen, sondern auch die Wirtschaftlichkeit prüfen und die Nachteile für Umwelt und Anwohner abwägen können. Nur wenige Bürger haben die Ausbildung und die Zeit, sich in solche Fragen so weit einzuarbeiten, dass sie wirklich sachkundig darüber urteilen und abstimmen können.

Volksentscheid

Formen Direkter Demokratie gibt es auch heute noch: Durch einen Volksentscheid, den man auch Volksabstimmung oder Referendum nennt, können alle Staatsbürger über ein Gesetz abstimmen oder ihre Meinung zu wichtigen staatlichen Entscheidung kundtun. Volksentscheide gelten nur für das abstimmende Bundesland, nicht für ganz Deutschland.

Vor der Wahl: Die verschiedenen Parteien stellen den Wählern ihr Programm vor.

In der Schweiz hat das Volk besonders viele direktdemokratische Rechte. Dort versammeln sich die Bürger der Landsgemeinden und stimmen direkt über Verfassungsänderungen ab oder wählen den Präsidenten der Landsgemeinde.

Daher hat man schon lange die direkte Demokratie, in der alle Bürger über alle Gesetze und Vorhaben abstimmen, weitgehend durch die repräsentative Demokratie ersetzt. Hier wählen die Bürger in regelmäßigen Abständen Vertreter – die Abgeordneten –, die dann im Auftrag der Wähler in der Volksversammlung, also dem Parlament, die Interessen des Wahlvolkes vertreten sollen und Entscheidungen im Staat treffen. Diesen Auftrag, den die Wähler ihren Abgeordneten erteilen, nennt man Mandat.

Welche Aufgaben erfüllen die Parteien?

Ein einzelner Bürger hat kaum eine Chance, eigene Wünsche und Vorstellungen durchzusetzen. Deshalb schließen sich politisch interessierte Bürger, die die gleichen Ideen und Ziele haben, zusammen und gründen Interessengruppen – die politischen Parteien. Als Partei können sie gemeinsam für ihre Ziele werben und noch mehr Menschen für ihre Ideen gewinnen, um bei Wahlen möglichst viele Stimmen zu bekommen. Sie stellen auch eine große Zahl von Kandidaten auf und machen sie mit Wahlplakaten, Fernsehspots und öffentlichen Wahlreden bekannt. Erhalten sie genügend Stimmen, werden ihre Kandidaten ins Parlament gewählt und setzen dort ihre Forderungen mit viel größerem Erfolg durch, als dies ein Einzelner tun könnte.

Es gibt in der Regel neben vielen kleinen, unbedeutenden nur einige große Parteien; sie spiegeln jeweils bestimmte Denkrichtungen und Interessen vieler Bürger wider. Ihre Ziele geben sie in ihrem Parteiprogramm öffentlich bekannt.

Manche Parteien vertreten eher die Interessen der ärmeren Bevölkerungsteile. Andere treten für die Interessen der Industrie und der Wohl-

habenden ein. Und schließlich gibt es solche, denen ganz bestimmte Programme am Herzen liegen – etwa der Schutz der Umwelt oder die Durchsetzung des Kommunismus.

Die stärkste Partei – also die, die bei den Wahlen die meisten Stimmen bekommen hat – stellt in unseren Parlamenten jeweils die Regierung mit Regierungschef und Ministern. Eine Mehrheit im Parlament ist zum Regieren notwendig, damit die Regierungspartei ihre Ziele bei Abstimmungen durchsetzen kann.

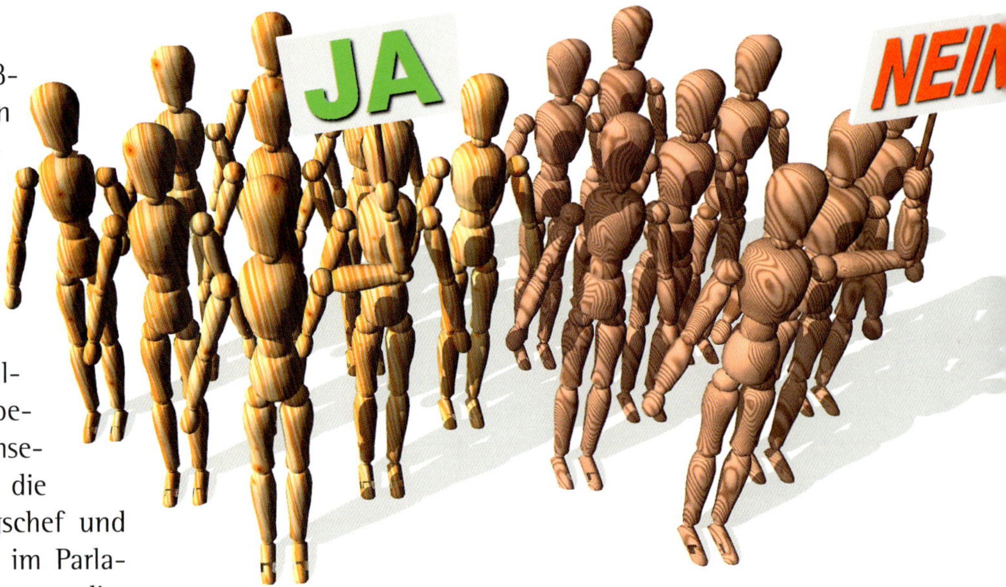

Manchmal hat keine der Parteien eine Mehrheit. Dann tun sich zwei oder mehrere Parteien zusammen, um gemeinsam eine Mehrheit zu haben. Dies nennt man Koalition. Die Parteien mit weniger Abgeordneten – die Opposition (vom lateinischen Wort opponere = widersprechen) – kontrollieren die Politik der Regierung scharf und melden gegen manches Vorhaben auch Widerspruch an. Sie kritisieren Fehler und Versäumnisse der Regierung und stellen deren politischen Absichten ein (möglichst) besseres Programm entgegen, in der Hoffnung, die Wähler von ihren Vorstellungen zu

Die Parteien werden meistens in „linke" und „rechte" Parteien eingeteilt. Das kommt ursprünglich von der Sitzordnung im Parlament. Die einen saßen ganz einfach links und die anderen rechts. Die „Linken" sind meistens die ehemaligen Arbeiterparteien, die „Rechten" die bürgerlich-konservativen.

Welche Parteien gibt es in Deutschland?

Die Sozialdemokratische Partei Deutschlands (SPD) ist die älteste deutsche Partei. Ihre Wurzeln liegen im vorigen Jahrhundert, als die Arbeiter um mehr politische Rechte kämpften. Sie wurde 1933 von den Nationalsozialisten aufgelöst und erst nach 1945 wiedergegründet.

Die Christlich-Demokratische Union Deutschlands (CDU) entstand nach dem Zweiten Weltkrieg aus dem Gedanken, den Staat auf christlicher Grundlage zu erneuern. Die CDU hat in Bayern eine eigenständige Schwesterpartei, die Christlich-Soziale Union (CSU); im Bundestag arbeiten die beiden Parteien als CDU/CSU zusammen.

Die Grünen entstanden 1980 in Westdeutschland durch Zusammenschluss verschiedener regionaler ökologischer Gruppen und engagieren sich vor allem für Umweltschutz und die Stärkung der Rechte der schwächeren Mitbürger. 1993 vereinigten sie sich mit der Partei Bündnis 90, die aus Bürgerrechtsbewegungen in der DDR hervorgegangen ist.

Die Freie Demokratische Partei (FDP) wurde 1948 gegründet und befürwortet eine Politik ohne freiheitsgefährdende Eingriffe des Staates, z. B. im wirtschaftlichen Bereich.

Die Linkspartei (auch mit dem Zusatz PDS) ging nach der Wiedervereinigung aus der Einheitspartei SED der ehemaligen DDR hervor. Sie nannte sich dann zunächst PDS (Partei des Demokratischen Sozialismus) und seit 2005 Linkspartei oder kurz „Die Linke".

Neben diesen Parteien gibt es noch eine Reihe kleinster Parteien, die in der Regel aber weniger als fünf Prozent der Wählerstimmen bekommen und deshalb nicht in den Bundestag einziehen.

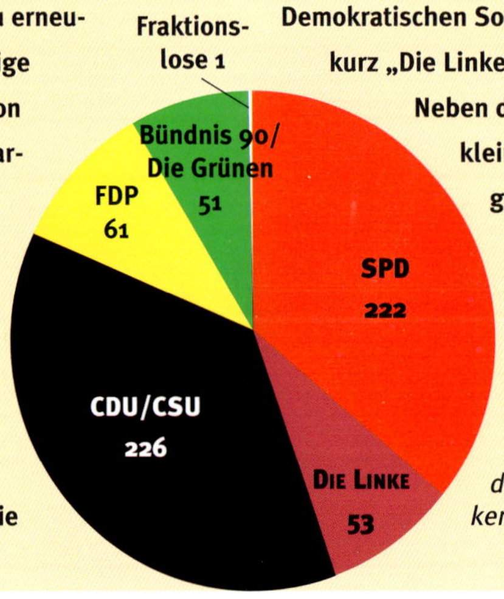

Sitzverteilung im Deutschen Bundestag nach der Wahl im September 2005. Die Parteien werden im politischen Leben mit den im Diagramm verwendeten Farben gekennzeichnet.

EINHEITSLISTE

In der DDR wurden alle Kandidaten von verschiedenen Parteien in einer Einheitsliste zusammengefasst. Man hatte lediglich die Möglichkeit der Liste zuzustimmen, das heißt also, mit „Ja“ zu antworten, oder die Liste abzulehnen. Alternative Wahlmöglichkeiten gab es nicht. Seit 1950 wurde der Einheitsliste bei jeder Wahl mit über 99 Prozent zugestimmt. Im März 1990 wurde zum ersten Mal die Volkskammer (das Parlament) frei gewählt.

Eine Frau, die für das Frauenwahlrecht demonstriert, wird von der Polizei abgeführt.

FRAUENWAHLRECHT

Vor allem die Frauen mussten erst dafür kämpfen, wählen zu dürfen. In Deutschland gibt es das Frauenwahlrecht seit 1918 und in der Schweiz gibt es ein Bundeswahlrecht für Frauen erst seit 1971!

überzeugen und bei der nächsten Wahl selbst an die Regierung zu kommen. Gerade das ist einer der Vorteile der Demokratie – dass ein Machtwechsel ohne Gewalt, ohne Revolutionen, ohne Königsmorde möglich ist. Friedliche Reformen und Veränderungen der politischen Richtung sind in der Demokratie die Regel. Sie ist eine sehr anpassungsfähige Herrschaftsform.

Wie wird in einer Demokratie gewählt?

In einem echten demokratischen Staat darf jeder Bürger an der Wahl der Volksvertreter und der Regierung teilnehmen.

Eine demokratisch durchgeführte Wahl muss verschiedene Bedingungen erfüllen:

Sie muss allgemein sein, das bedeutet, dass jeder (ab einem bestimmten Alter) wählen darf, egal ob Mann oder Frau, schwarz oder weiß, arm oder reich. Lange Zeit war es selbst in demokratischen Staaten so, dass bestimmte Bevölkerungsgruppen nicht wählen durften.

Die Wahl muss gleich sein, das heißt, dass jede abgegebene Stimme gleich viel zählt. In früheren Zeiten war es häufig so, dass zum Beispiel die Stimmen der Reichen mehr zählten. In Preußen etwa galt zwischen 1848 und 1918 ein Drei-Klassen-Wahlrecht: Die Bevölkerung war nach der Menge an Steuern, die jeder zahlte, in drei Gruppen eingeteilt, und die Stimmen der Reichen zählten viel mehr als die der Armen – die wenigen Reichen entsandten mehr Abgeordnete ins Parlament als die große Zahl von Ärmeren und konnten so ihre Interessen viel besser durchsetzen.

Die Wahl ist geheim: Das muss auch so sein, weil sich jeder frei entscheiden können muss, ohne Angst zu haben, dass er vielleicht Nachteile hat, wenn er eine bestimmte Partei wählt. Jeder Wähler geht mit seinem Stimmzettel – auf dem natürlich kein Name stehen darf – in eine kleine Kabine, wo er vor Sicht geschützt seinen Kandidaten ankreuzt. Dann steckt er den Wahlzettel in einen neutralen Umschlag, klebt ihn zu und wirft ihn in die Wahlurne. Dabei kontrollieren freiwillige Wahlhelfer, dass jeder tatsächlich nur einen Stimmzettel abgibt.

Nach Schließung der Wahllokale werden die Urnen geöffnet, unter Zeugen die Stimmen gezählt, die auf jeden Kandidaten und jede Partei entfallen, und das Ergebnis telefonisch an eine Zentrale gemeldet. Dort stehen Computer, die die Ergebnisse blitzschnell speichern und zusammenzählen. Schon nach Auszählung einiger Wahlkreise kann man heute Hochrechnungen machen, also das Endergebnis ungefähr vorausberechnen.

In einer Wahlkabine füllt man unbeobachtet den Wahlzettel aus.

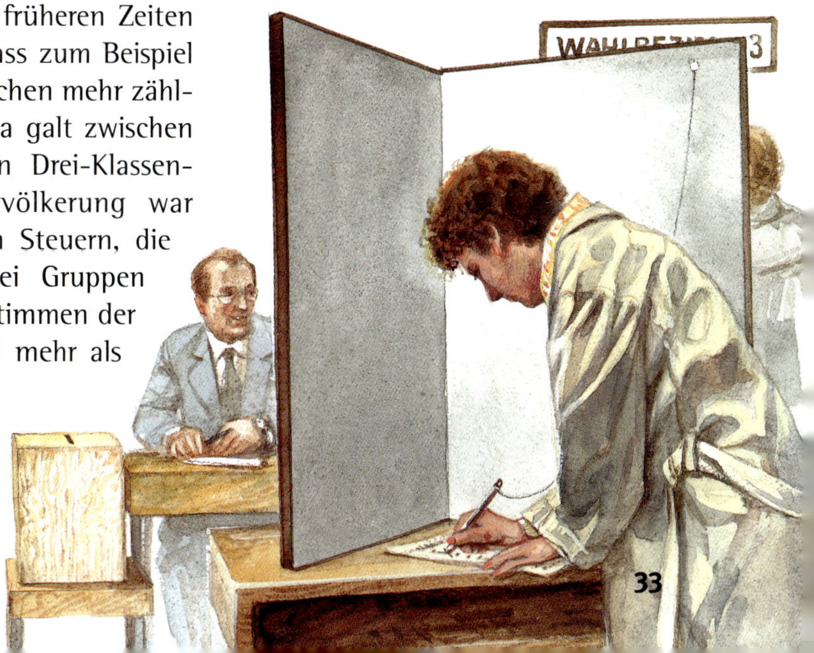

Blick in den Sitzungssaal des Parlaments im Berliner Reichstagsgebäude

Wie wird das Parlament gebildet?

Die Volksvertretung – das Parlament – wird in regelmäßigen Abständen von allen wahlberechtigten Bürgern neu gewählt, meistens alle vier oder fünf Jahre, manchmal aber auch in kürzeren Abständen. Der Grund dafür ist eine bessere Kontrolle des Parlaments durch die Staatsbürger. Wenn die Wähler nicht mit einer Partei oder ihren Abgeordneten zufrieden sind, können sie sich bei der nächsten Wahl anders entscheiden.

Das Ergebnis der Parlamentswahl spiegelt sich in der Verteilung der Sitze im Parlament wider: Jeder Abgeordnete einer Partei, der genug Stimmen bekommen hat, erhält einen Sitz im Parlament. Je mehr Stimmen eine Partei errungen hat, desto mehr Sitze kann sie mit ihren Abgeordneten besetzen und desto mehr Stimmen hat sie bei Abstimmungen.

Alle Abgeordneten einer Partei zusammengenommen nennt man eine Fraktion. Die Mitglieder einer Fraktion sitzen im Parlament in einer Gruppe zusammen. Bei Abstimmungen stimmen die Fraktionsmitglieder meistens gemeinsam ab.

Manchmal tun sich auch verschiedene kleinere Fraktionen zusammen, um die Fraktion zu überstimmen, die normalerweise die Mehrheit der Sitze im Parlament hat.

Kammern

In den meisten demokratischen Staaten besteht das Parlament aus zwei Teilen, die man auch Kammern nennt. In Deutschland sind das der Bundestag und der Bundesrat. Die zwei Kammern sind dazu da, um sich gegenseitig zu kontrollieren. Meistens sitzen in der ersten Kammer die vom Volk gewählten Abgeordneten, in der zweiten die Vertreter der Bundesstaaten, Bundesländer oder Kantone.

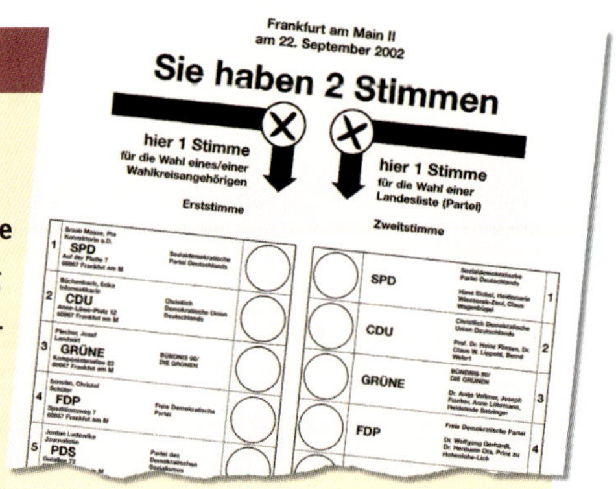

Ein Stimmzettel von der Bundestagswahl 2002

Bundestagswahl

Alle vier Jahre wird der Bundestag neu gewählt: Die Bürger über 18 Jahre sind aufgerufen, Abgeordnete ihres Vertrauens in den Bundestag zu entsenden und damit die Regierung für die nächsten Jahre zu bestimmen. Jeder wahlberechtigte Bürger hat schon einige Wochen zuvor eine Wahlkarte bekommen; sie gibt ihm das Recht, im Wahllokal einen Stimmzettel in Empfang zu nehmen. Jeder Wähler hat zwei Stimmen. Mit der Erststimme kann er direkt einen Kandidaten in seinem Wahlkreis unterstützen. Zu diesem Zweck ist das ganze Land in 299 Wahlkreise unterteilt; aus jedem Wahlkreis wird der Abgeordnete, der die meisten Stimmen bekommt, in den Bundestag entsandt. Mit der Zweitstimme, die für das Wahlergebnis entscheidender ist, wird eine Partei gewählt. Jede Partei hat dafür eine Liste von Kandidaten aufgestellt. An der Spitze steht meist der Parteichef. Wie viele Kandidaten sie von dieser Liste tatsächlich in den Bundestag schicken darf, hängt von der Prozentzahl der Zweitstimmen ab, die sie bundesweit bekommt.
Das bedeutet: Die eine Hälfte der Plätze im Bundestag nehmen Abgeordnete ein, die in ihrem Wahlkreis Sieger wurden, die andere wird von den Listenkandidaten der Parteien besetzt.

Koalition
Manchmal hat keine der Parteien, die im Parlament vertreten sind, eine Mehrheit. Damit eine Regierung gebildet werden kann, schließen sich zwei oder mehr Parteien zu einer so genannten Koalition zusammen. Die Parteien einer Koalition stimmen zusammen für denselben Kanzlerkandidaten.

In Staaten, die nicht demokratisch regiert werden, gibt es meistens keine Möglichkeit, die Regierung abzuwählen, weil es keine Oppositionsparteien gibt, die bei Wahlen gegen die Regierung antreten können. In manchen Ländern kommt es auch vor, dass die Wahlergebnisse von der Regierungspartei gefälscht werden. Nach den Wahlen wird dann einfach behauptet, die Regierungspartei hätte die meisten Stimmen bekommen.

Bruno Kreisky war von 1970 bis 1983 österreichischer Bundeskanzler.

Was macht das Parlament?

Die Aufgabe des Parlaments ist die Gesetzgebung. Das heißt, dass neue Gesetze dort vorgeschlagen und besprochen werden. Manchmal sollen auch bestehende Gesetze geändert werden. Die Gesetzesvorschläge werden diskutiert und jede Fraktion gibt ihre Meinung dazu ab. Die Abgeordneten der verschiedenen Parteien tragen Gründe und Gegengründe vor und versuchen diejenigen zu überzeugen, die anderer Meinung sind. Oft wird heiß diskutiert und es kommt manchmal sogar vor, dass die Politiker sich gegenseitig beschimpfen.

Damit es im Parlament nicht allzu turbulent zugeht, gibt es einen Vorsitzenden – in Deutschland ist das der Bundestagspräsident –, der darauf achtet, dass die Redner ihre Redezeit nicht überschreiten und dass die Diskussionen nicht zu heftig werden.

Wer regiert in einem demokratischen Staat?

In demokratischen Staaten gibt es grundsätzlich zwei Regierungsformen: Die eine ist die so genannte Präsidialrepublik, wie zum Beispiel in Frankreich und den USA, die andere die parlamentarische Republik, wie in Deutschland, Österreich und der Schweiz. Dort wird die Regierung vom Parlament gebildet. Nach den Parlamentswahlen bestimmt die Partei, die die meisten Sitze im Parlament gewonnen hat, wer das Regierungsoberhaupt – der Kanzler oder auch Premierminister – wird. Das Regierungsoberhaupt wird also nicht direkt vom Volk gewählt, sondern von den Parlamentsabgeordneten. Natürlich steht aber der Kanzlerkandidat schon vor den Parlamentswahlen fest, man kann sein Bild auf allen Wahlplakaten sehen. Die Wähler wissen also, wen sie wählen. Der Kanzler ernennt dann nach der Wahl die Minister. Kanzler und Minister bilden zusammen das Regierungskabnett.

Bill Clinton, Präsident der Vereinigten Staaten von 1993 bis 2001

Bereits vor der Wahl hat jede Partei ihren Kanzlerkandidaten vorgestellt. Nach der Wahl formuliert der Kandidat der stärksten Partei sein Regierungsprogramm und trägt es dem Parlament vor. Er stellt darin ausführlich dar, wie er in den nächsten Jahren das Land regieren will, welche Aufgaben er anpacken möchte und wie er die anstehenden Probleme zu lösen gedenkt. Außerdem legt er fest, welche Ministerien er einrichten will und wen er als Minister berufen möchte.

Schwieriger ist es, wenn eine Partei zwar die meisten Stimmen, aber weniger als die Hälfte der Sitze im Parlament gewonnen hat. Denn für die Wahl zum Bundeskanzler braucht der Kandidat mehr als die Hälfte aller Stimmen. Also muss er vorher mit anderen Parteien verhandeln, ob diese ihm ihre Stimmen geben – und das tun sie nur, wenn sie zumindest einige der Minister stellen dürfen und wenn er in seinem Regierungsprogramm ihre politischen Vorstellungen mit berücksichtigt.

Welche Rolle spielt die Opposition?

Die Parteien der Regierungsfraktion beziehungsweise der Koalition arbeiten natürlich mit der Regierung eng zusammen. Umso wichtiger ist die Aufgabe der anderen Parteien im Bundestag, der Opposition: Sie kontrolliert die Regierung.

Dazu kann sie zum Beispiel schriftliche Anfragen zu bestimmten Themen stellen, die dann von Mitgliedern der Regierung öffentlich beantwortet werden müssen. Wenn Missstände oder Verfehlungen bekannt werden, kann die Opposition die Einsetzung eines Untersuchungsausschusses verlangen, der die Vorgänge aufklärt.

Der deutsche Bundestag kann sogar den Bundeskanzler abwählen, wenn genügend Abgeordnete nicht mehr mit seiner Arbeit einverstanden sind. Dazu muss die Opposition einen Antrag stellen. Man nennt dies ein Misstrauensvotum. Die

Volksbegehren

Es gibt auch die Möglichkeit für Bürger, selbst Gesetze vorzuschlagen: das so genannte Volksbegehren.
Meistens schließt sich dabei eine Gruppe Gleichgesinnter zusammen, die zum Beispiel strengere Tierschutzgesetze fordern. Wenn eine bestimmte Zahl von Bürgern diesen Antrag unterschrieben hat, kann er ans Landesparlament weitergeleitet werden.

Friedliche Revolution

Ab September 1989 versammelten sich jeden Montagabend in Leipzig bis zu 300 000 Demonstranten, um mehr Demokratie zu forden. Sie trugen wesentlich zum Sturz des SED-Regimes Ende 1989 und zur Herstellung der Deutschen Einheit 1990 bei.

In der ehemaligen DDR zeigte sich, was Menschen erreichen können, die sich politisch engagieren und für ihre Rechte und Freiheiten kämpfen. Die Möglichkeit einer parlamentarischen Opposition gab es nicht, weil es keine Wahlen gab, in denen man die Regierungspartei, die SED, hätte abwählen können. So gingen immer mehr unzufriedene Bürger auf die Straße, trafen sich in Kirchen und an anderen Orten und forderten in großen Demonstrationen die Einführung der Demokratie. Weil es so viele waren und sie sich nicht entmutigen ließen, immer weiterzumachen, gab die Regierung schließlich nach. Nach fast fünfzig Jahren sozialistischer Diktatur wurden 1990 endlich wieder freie Wahlen abgehalten.

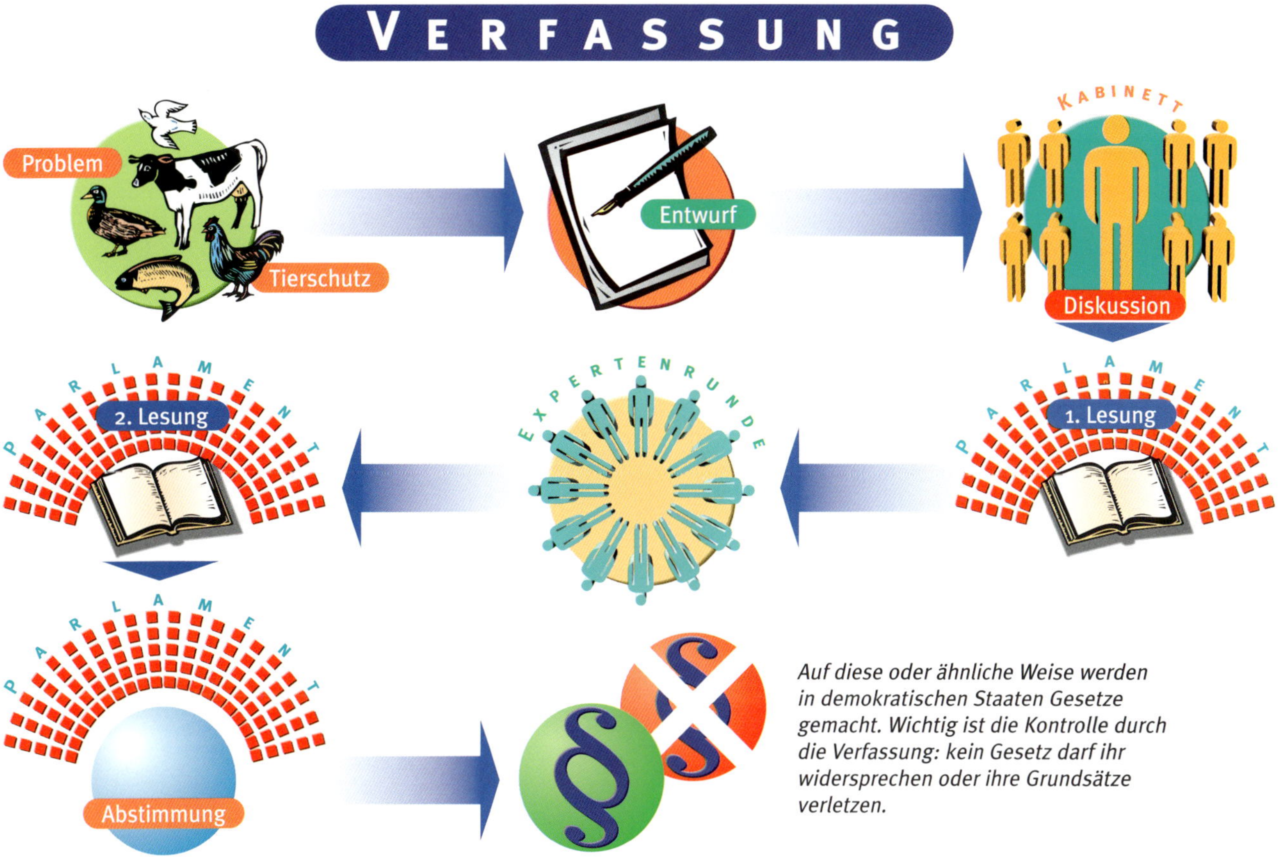

Auf diese oder ähnliche Weise werden in demokratischen Staaten Gesetze gemacht. Wichtig ist die Kontrolle durch die Verfassung: kein Gesetz darf ihr widersprechen oder ihre Grundsätze verletzen.

GESETZESVORSCHLÄGE kommen auch von den so genannten Interessenverbänden. Nahezu jeder Berufszweig hat seinen eigenen Verband, etwa der Bauernverband oder der Hotel- und Gaststättenverband. Sie alle versuchen Einfluss auf die Gesetzgebung zu nehmen, denn sie möchten, dass in neuen Gesetzen die Interessen ihrer Mitglieder möglichst gut berücksichtigt werden.

Opposition schlägt einen Nachfolger als Kanzlerkandidaten vor, über den alle Abgeordneten geheim abstimmen. Allerdings ist der Herausforderer nur dann gewählt, wenn auf ihn mehr als die Hälfte aller Stimmen entfallen, er also die absolute Mehrheit bekommt; andernfalls bleibt der alte Kanzler im Amt, und das Misstrauensvotum gilt als gescheitert.

Wie wird aus einem Gesetzentwurf ein Gesetz?

Gesetze regeln heute unser Leben bis in alle Einzelheiten. Ob es um die Höhe der Steuern oder der Renten geht, um die Rechte von Ausländern oder die Schulausbildung der Kinder – fast alles wird von Gesetzen genau bestimmt.

Soll ein neues Gesetz entworfen werden, wird in der Regel ein Beamter aus dem zuständigen Ministerium beauftragt, zunächst einen Entwurf zu erstellen, zum Beispiel ein strengeres Tierschutzgesetz. Der Gesetzentwurf wird nun dem Kabinett übermittelt. Ist es einverstanden, wird der Entwurf dem Parlament vorgelegt und beraten. Dazu wird er den Abgeordneten zunächst vorgelesen; man nennt daher diese Beratungen Lesungen.

In der Regel gibt es bei der ersten Lesung noch mehrere unterschiedliche Meinungen zu dem Entwurf. Regierung und Opposition nutzen bei wichtigen Gesetzen diese Gelegenheit, der Öffentlichkeit in Reden ihre verschiedenen Standpunkte vorzutragen.

Danach wird der Entwurf, um geprüft und verbessert zu werden, an einen Expertenausschuss überwiesen. Das ist eine kleine Runde von

Experten innerhalb des Parlaments. Hier beschäftigen sich Wissenschaftler und Sachverständige mit dem Entwurf; meistens wird er in großen Teilen noch verändert.

Sind schließlich die Beratungen beendet, gibt der Ausschuss den Entwurf an das Parlament zurück. Dort findet jetzt die zweite Lesung statt. Es wird über Änderungswünsche der Opposition diskutiert, und dann wird über jeden Abschnitt gesondert entschieden.

Am Schluss wird abgestimmt. Alle Gesetzentwürfe werden auch immer der zweiten Parlamentskammer vorgelegt, die ebenfalls zustimmen muss, wenn ein Entwurf angenommen werden soll.

Was regelt die Verfassung eines Staates?

Jeder demokratische Staat ist gleichzeitig auch ein Rechtsstaat. An oberster Stelle steht also nicht die Regierung, sondern das Recht, die Gesetze. Die Grundlage aller Gesetze, die vom Parlament gemacht werden, ist die Verfassung des Staates. Kein Gesetz darf der Verfassung widersprechen oder sie verletzen.

In einem Rechtsstaat wie dem unseren sind die Richter unabhängig von der Regierung und vom Parlament. Niemand darf ihnen Anweisungen erteilen, wie sie in einem Fall zu entscheiden haben (was in Diktaturen durchaus üblich ist). Ein Richter kann auch nicht ohne weiteres abgesetzt oder versetzt werden. Außerdem können seine Entscheidungen von übergeordneten Gerichten überprüft und unter Umständen korrigiert werden.

Die Gerichte kontrollieren auch die Arbeit der Polizei. Die Polizei kann zwar einen Verdächtigen festnehmen, wenn sie ihn auf frischer Tat ertappt hat oder Fluchtgefahr besteht, aber spätestens am nächsten Tag muss ein Richter darüber entscheiden, ob er in Haft bleibt. Nur wenn es einen schriftlichen, von einem Richter ausgestellten Haftbefehl gibt, kann ein Verdächtiger verhaftet, also für längere Zeit eingesperrt werden.

Bei Strafverfahren hängt es von der Schwere des Vergehens oder Verbrechens ab, welches Gericht für die Rechtsprechung zuständig ist. Einfacher Diebstahl wird zum Beispiel vor einem Amtsgericht verhandelt, schwerwiegendere Verbrechen

Das Bundesverfassungsgericht

Das Bundesverfassungsgericht mit Sitz in Karlsruhe steht außerhalb der normalen Gerichte in Deutschland. Es ist vom Grundgesetz als Hüter der Verfassung eingesetzt.
Gibt es verschiedene Auffassungen darüber, wie ein bestimmter Teil der Verfassung zu verstehen und anzuwenden ist, steht dem Bundesverfassungsgericht die endgültige Entscheidung darüber zu.
Darüber hinaus kann das Bundesverfassungsgericht jedes verabschiedete Gesetz prüfen, ob es gegen die Verfassung verstößt. Solche Gesetze setzt es außer Kraft und gibt sie zur Nachbesserung an die Regierung und das Parlament zurück.
Außerdem kann jeder Bürger beim Bundesverfassungsgericht eine Verfassungsbeschwerde einreichen, wenn er – zum Beispiel durch die Verwaltung, durch ein Gesetz oder ein Urteil eines anderen Gerichts – seine Grundrechte beeinträchtigt sieht.

Die Richter des Bundesverfassungsgerichtes

Polizeistaat

Staaten, in denen nicht das Recht und eine Verfassung an erster Stelle stehen, nennt man Unrechts- oder Polizeistaaten. Dort herrscht meistens Gewalt und Willkür. Menschen werden ohne ordentliche Gerichtsverfahren verhaftet und verurteilt.

kommen vor ein Landgericht, und ganz besonders schlimme Untaten wie etwa Hochverrat werden beim Oberlandesgericht verhandelt. Das höchste Gericht ist der Bundesgerichtshof.

Bei schweren Vergehen oder Verbrechen wie Mord oder Entführung erhebt der Staat, vertreten durch einen Staatsanwalt, von sich aus Anklage gegen den Täter. Aber natürlich kann jeder Bürger auch selbst die Gerichte anrufen, wenn er sich ungerecht behandelt fühlt.

Ein ganz alltägliches Beispiel ist ein Verkehrsunfall. Zwei Autos sind zusammengestoßen; nicht nur die Autos, sondern auch Menschen sind zu Schaden gekommen. Die Frage ist nun: Wer ist schuld? Denn der Schuldige muss für den Schaden aufkommen.

Zunächst untersucht die Polizei den Unfallort und verhört die Zeugen. Dann wird getestet, ob einer der Beteiligten unter Alkoholeinfluss gefahren ist. Ist einer der Fahrer zu schnell gefahren oder hat er die Vorfahrt des anderen missachtet?

Wenn sich die Ursache nicht klären lässt, kommt es zu einem Gerichtsverfahren vor dem Verkehrsgericht, wo über die Schuldfrage entschieden wird.

Ein Unfall ist passiert: Die Polizei sorgt dafür, dass die Gesetze eingehalten werden, und der Schuldige ermittelt wird.

Was versteht man unter Gewaltenteilung?

Die drei Hauptaufgaben eines Staates sind die Gesetzgebung, die Durchsetzung und Überwachung der Gesetze sowie die Rechtsprechung. In einem demokratischen Rechtsstaat liegen diese drei Aufgaben nicht in einer Hand, sondern sind auf drei verschiedene Organe aufgeteilt, die man als die drei Staatsgewalten bezeichnet. Das hat natürlich nichts mit Gewalt zu tun, sondern bedeutet, dass es drei „Abteilungen" im Staat gibt, die sich die Macht teilen.

Die Gewaltenteilung geht auf Ideen von John Locke und Montesquieu zurück und ist das Kernprinzip unserer demokratischen Verfassung.

Die Gesetzgebung ist die Aufgabe des Parlaments und der Regierung. Man nennt diese Staatsgewalt auch Legislative (vom lateinischen lex: das Gesetz). Die Rechtsprechung übernehmen die Gerichtshöfe. Diese Staatsgewalt hat auch den Namen Judikative (vom lateinischen ius: das Recht). Die Gerichte sind unabhängig vom Parlament oder der Regierung. Keine andere Macht im Staat darf sich in die Arbeit der Gerichte einmischen.

Die Durchsetzung und Anwendung der Gesetze ist die Aufgabe der Behörden: das sind die Ämter wie das Standesamt, das Finanzamt, Forst- und Polizeibehörden usw. Die Beamten des Staates führen das aus, was durch Gesetze und Verordnungen beschlossen wurde. Man nennt diese Staatsgewalt deshalb auch Exekutive (vom lateinischen executio: Vollstreckung, Durchführung).

Diese drei Gewalten müssen völlig unabhängig voneinander arbeiten. Der Grund dafür ist, dass sich in keiner Hand zu viel Macht ansammeln darf – die drei Gewalten sollen sich gegenseitig kontrollieren.

In Staaten, in denen es keine unabhängigen Gerichte gibt, passiert es immer wieder, dass Menschen eingesperrt und verurteilt werden, die nicht gegen ein Gesetz verstoßen haben, sondern lediglich eine andere politische Meinung vertreten als die Regierung – also zum Beispiel für die Einführung der Demokratie kämpfen. Für eine nicht-demokratische Regierung wie eine Diktatur ist das wie ein Verbrechen. Die Gerichte in solchen Unrechtsstaaten sind dann nicht dazu da, für Gerechtigkeit zu sorgen, sondern handeln im Auftrag der Regierung.

IM BILD UNTEN sind die drei Staatsgewalten dargestellt: links die gesetzgebende Gewalt – das sind die Politiker, die im Parlament und in der Regierung sitzen; in der Mitte die unabhängigen Gerichte, an deren Spitze der oberste Gerichtshof beziehungsweise das Verfassungsgericht steht; rechts die „durchführende" Gewalt – das sind die staatlichen Behörden mit ihren unzähligen Beamten: Polizisten, Standes- und Finanzbeamte, Forstbeamte, Grenzpolizisten usw., die dafür sorgen, dass Gesetze eingehalten und angewendet werden.

Was ist eine Bundesrepublik?

Manche Staaten sind zentralistisch aufgebaut: Frankreich zum Beispiel wird von Paris aus regiert; hier befindet sich das Regierungszentrum des Staates. Alle wesentlichen Entscheidungen werden zentral, das heißt von der Regierungshauptstadt aus getroffen.

Ganz anders ist es in der Bundesrepublik Deutschland, der Schweiz, Österreich oder den USA: Sie sind Bundesrepubliken, die aus relativ selbstständigen Einzel- oder Bundesstaaten (in der Schweiz Kantonen) zusammengesetzt sind. Die Bundesrepublik Deutschland zum Beispiel besteht aus 16 Bundesländern, Österreich aus neun, und die Schweiz aus 26 Kantonen. Jedes Bundesland oder jeder Kanton hat eine Landeshauptstadt, eine eigene Verfassung, eigene Gerichte, ein eigenes Parlament (Landtag), eine eigene Verwaltung und eine Regierung, an deren Spitze ein Ministerpräsident steht. Die Abgeordneten für die Länderparlamente werden ähnlich wie die für den Bundestag oder Nationalrat von den Bürgern des jeweiligen Bundeslandes für vier Jahre gewählt.

Die Bundesländer bzw. Kantone sind miteinander verbündet. Sie bilden gemeinsam den Bundesstaat, also die Bundesrepublik (den Bund), und haben einen Teil ihrer Aufgaben an ihn abgetreten. Zum Beispiel das Geldwesen (kein Bundesland hat eine eigene Geldwährung), die Verteidigung und die Außenpolitik. Daher gibt es zwar einen Bundesaußenminister, aber keine Länderaußenminister. Bündnis heißt auf lateinisch foedus, und daher nennt man diese Struktur föderalistisch.

Die Länder sind für ihre Verwaltung und ihre Finanzen selbst zuständig und bekommen für ihre Aufgaben einen bestimmten Teil aller Steuern. Sie erlassen auch Gesetze, soweit sie ihre eigenen Angelegenheiten betreffen. Das gilt zum Beispiel für Polizeirecht, Bauaufsicht, Feuerwehr und Gemeindeordnungen sowie für kulturelle Angelegenheiten, wie etwa die Schulpolitik. Wenn man beim Umziehen in ein anderes Bundesland also ein etwas anderes Schulsystem mit etwas anderen Lehrplänen vorfindet, ist der Grund dafür, dass die Bundesländer ihre eigene Kulturpolitik betreiben.

Österreich und die Schweiz

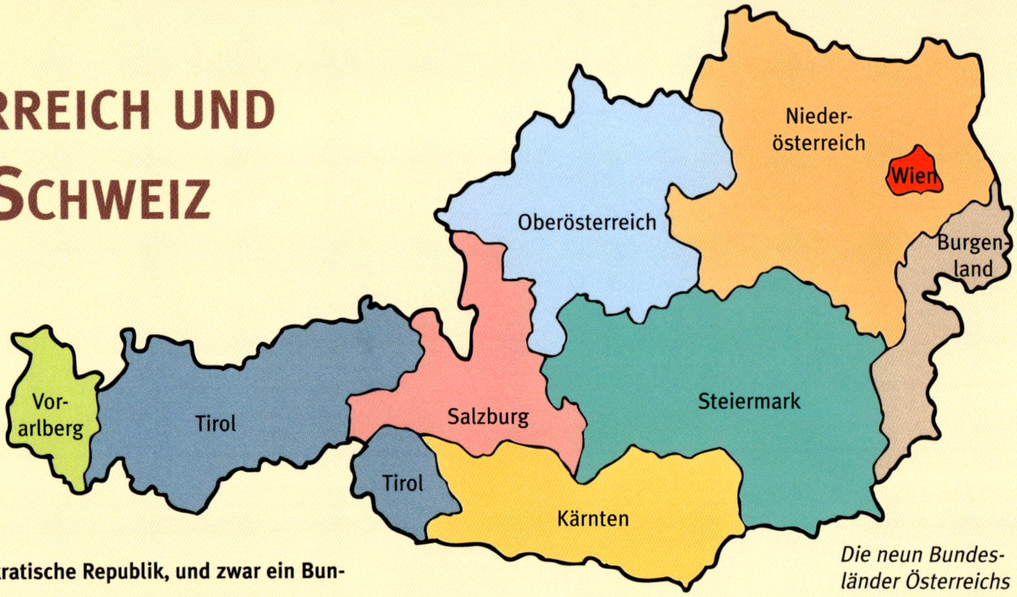

Die neun Bundesländer Österreichs

Österreich

Österreich ist eine demokratische Republik, und zwar ein Bundesstaat aus neun Bundesländern: Burgenland, Kärnten, Niederösterreich, Oberösterreich, Salzburg, Steiermark, Tirol, Vorarlberg und Wien. Wien ist die Bundeshauptstadt. Seit dem 1.1.1995 ist Österreich Mitglied der EU.

Die Parlamente der einzelnen Bundesländer heißen Landtage, ihre Mitglieder werden von den Bürgern des jeweiligen Bundeslandes gewählt.

Gesetzgebungsorgane auf Bundesebene sind der Nationalrat (das Parlament) und der Bundesrat, der die Interessen der Bundesländer vertritt. Die 183 Abgeordneten des Nationalrats werden alle vier Jahre direkt vom Volk gewählt, während die 64 Mitglieder des Bundesrates von den Landtagen der einzelnen Bundesländer entsandt werden.

Staatsoberhaupt von Österreich ist der Bundespräsident; er wird (anders als in Deutschland) direkt vom Volk gewählt. An der Spitze der Regierung steht der Bundeskanzler, an der Spitze der Landesregierungen der jeweilige Landeshauptmann (er entspricht dem Ministerpräsidenten in Deutschland).

Schweiz

Die Schweiz ist ein Bundesstaat und besteht aus 26 unabhängigen Einzelstaaten, den Kantonen. Jeder hat ein eigenes Parlament, eine eigene Verfassung, eine eigene Regierung und Gerichtsbarkeit. Einen Teil ihrer staatlichen Aufgaben aber haben die Kantone dem Bundesstaat übertragen.

Dessen Parlament, die Bundesversammlung, besteht aus zwei Kammern: dem Nationalrat mit 200 Mitgliedern und dem Ständerat mit 46 Mitgliedern. Der Nationalrat ist die Volksvertretung. Jeder Kanton stellt eine bestimmte Zahl an Abgeordneten (je nach Einwohnerzahl des Kantons); diese Abgeordneten werden im Kanton direkt gewählt.

Der Ständerat dagegen ist die Kantonsvertretung, auch die Ständeräte werden in den Kantonen gewählt. Alle Gesetzesvorhaben müssen von beiden Kammern angenommen werden, um gültig zu werden.

Die Schweizer Bundesregierung ist der Bundesrat. Er besteht aus sieben gleichberechtigten Mitgliedern und wird für jeweils vier Jahre vom Parlament gewählt. Einmal jährlich wählt der Bundesrat aus dem Kreis seiner Mitglieder seinen Vorsitzenden, den Bundespräsidenten. Dieser Bundespräsident ist aber nicht das Staatsoberhaupt wie der deutsche Bundespräsident, und hat auch nicht die Machtbefugnisse wie ein Bundeskanzler.

Aus der Geschichte der Schweiz erklärt sich, dass hier das Volk einen größeren Einfluss auf die Politik besitzt als in anderen Staaten. So kann das Volk Parlamentsentscheide per Volksabstimmung stürzen oder bestätigen und sogar Änderungen der Verfassung erzwingen.

Die 26 Kantone der Schweiz

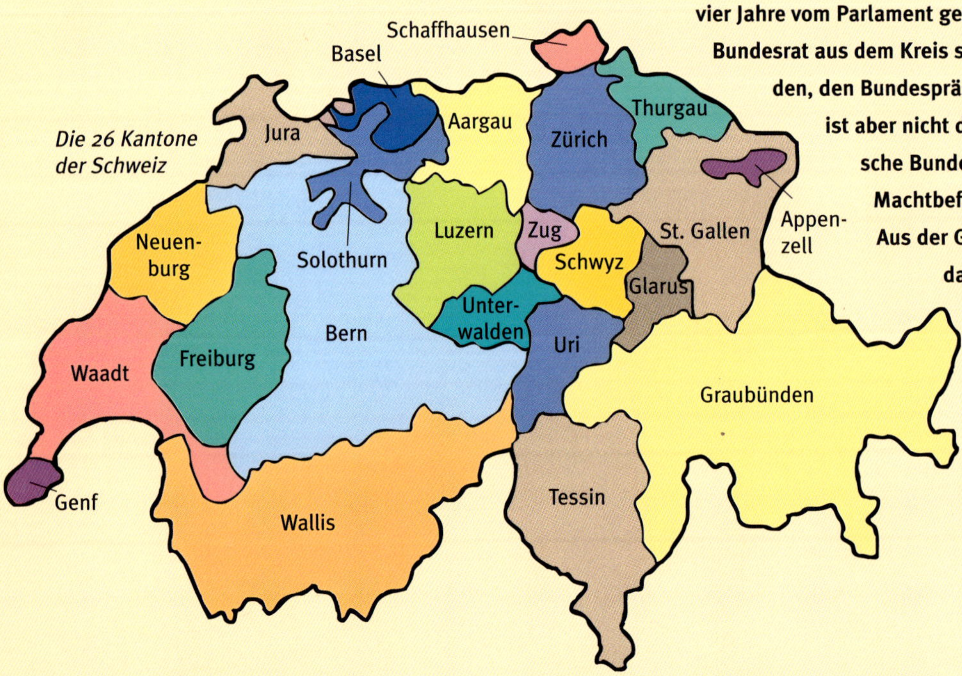

Gefährdung und Verteidigung der Demokratie

SCHÜLERMITVERWALTUNG ist an vielen Schulen üblich. Aber nicht jeder weiß, dass sie Teil einer großen Organisation ist: Interessierte Schülerinnen und Schüler können nicht nur in Belangen ihrer eigenen Schule mitreden, es gibt in vielen Bundesländern auch Bezirks- und Landesschülervertretungen. Sie vertreten die Interessen der Schüler gegenüber den Politikern, speziell den Bildungs- oder Kultusministerien.

Was kann jeder von uns für die Demokratie tun?

Rolf ist begeistert. Der Direktor seiner Schule hat vorgeschlagen, eine Partnerschaft mit einer ausländischen Schule einzugehen. Er will aber über dieses Projekt nicht alleine entscheiden, sondern die Schüler einbeziehen. Sie wurden mit einem Vortrag über die drei Möglichkeiten informiert, die zur Auswahl stehen: eine englische Schule, eine Schule in Frankreich – oder keine Partnerschaft. Nun ist eine Abstimmung angesetzt, die ganz demokratisch vor sich gehen soll: Jeder Schüler kann in einer kleinen Wahlkabine auf einem Wahlzettel seinen Wunsch ankreuzen und ihn durch einen Schlitz in einen Kasten werfen. Zusammen mit einigen ebenso interessierten Mitschülern hat sich Rolf bereit erklärt, bei dieser Wahl zu helfen. Sie malen sich schon aus, wie es sein wird – zu Besuch bei den ausländischen Schülern, die hin und her geschickten Briefe und die Fußballspiele mit den neuen Freunden. Doch bei den meisten Schülern kommt die Projektidee offenbar nicht an: Nur rund ein Fünftel macht überhaupt Gebrauch von der Möglichkeit, den Ausgang der Wahl mitzubestimmen. Unbefriedigt von dem geringen

An Schulen kann man sich über die Schülermitverwaltung demokratisch an Enscheidungen beteiligen und so sein schulisches Umfeld mitgestalten.

Interesse bricht der Direktor das ganze Projekt ab. Eine Chance ist vertan, und Rolf ist enttäuscht.

Demokratie, das zeigt dieses Beispiel, funktioniert nur, wenn möglichst viele mitmachen. Wer sich ausschließt und kein Interesse an Politik oder an der Entscheidungsfindung bekundet, lässt letzten Endes andere für sich – und über sich – entscheiden.

In der „großen" Politik ist das nicht anders als im Rahmen der Schule. Auch hier kommt es darauf an, dass sich jeder einbringt und sich um die Belange seiner Gemeinde, seines Bundeslandes und des Bundesstaates kümmert, auf Probleme hinweist, auch Kritik äußert und gemeinsam mit anderen Lösungswege und Kompromisse erarbeitet. Eine demokratische Überzeugung ist wenig wert, wenn man sich nicht aktiv dafür einsetzt und demokratisch handelt. Denn Demokratie ist nicht nur Sache des Staates und der Politiker „da oben", sondern sollte eine Lebensauffassung jedes Einzelnen sein.

Es gibt dafür viele Möglichkeiten, schon für Schüler, erst recht für Erwachsene. So kann man etwa in der Schülermitverwaltung mitmachen und sich zum Beispiel zum Klassen- oder gar Schulsprecher wählen lassen. Man kann auf Zustände, die man ändern möchte, in Leserbriefen an Zeitungen und Zeitschriften hinweisen. Man kann in Jugendgruppen von Parteien eintreten und an deren Projekten mitarbeiten. Man kann sich speziell für die Probleme seines Ortes interessieren und zu den Sitzungen des Gemeinderats gehen – eventuell sogar mit der ganzen Klasse. Oder man schließt sich einer politischen Gruppe an, die bestimmte Ziele verfolgt, etwa einer Bürgerinitiative oder einer Umweltschutzgruppe.

Viele Menschen ärgern sich über Missstände, aber sie tun nichts dagegen – teils, weil sie nicht an einen Erfolg glauben, teils aus Bequemlichkeit oder gar aus Angst vor persönlichen Nachteilen. Aber die Demokratie funktioniert nur mit der tätigen Mithilfe von uns allen.

Die Geschwister Hans und Sophie Scholl

DIE „WEISSE ROSE"

Im „Dritten Reich" gab es Menschen, die Widerstand gegen Hitlers Diktatur leisteten und für demokratische Ideen kämpften. Diese Menschen waren sehr mutig, denn sie setzten damit ihr Leben aufs Spiel. Eine dieser Widerstandsgruppen war die „Weiße Rose", in der sich Studenten der Münchner Universität zusammengeschlossen hatten. Die Geschwister Hans und Sophie Scholl, die Mitglieder der „Weißen Rose" waren, wurden verhaftet, zum Tode verurteilt und hingerichtet. Sie opferten ihr Leben für die Demokratie.

1938: Jubelnde Massen auf dem Reichsparteitag der NSDAP

Leider gibt es auch heute noch junge Leute, die sich rechtsextremen Gruppen anschließen.

WIE WICHTIG eine demokratische Überzeugung ist, sieht man am Beispiel Hitler. In den 1920er und 1930er Jahren ging es vielen Menschen sehr schlecht. Deutschland hatte den Ersten Weltkrieg verloren und es gab eine schlimme Wirtschaftskrise. Millionen von Menschen waren arbeitslos. Hitler versprach den Massen Arbeit und Brot. Dafür nahmen sie in Kauf, dass ihnen nach und nach alle demokratischen Freiheiten und Rechte genommen wurden. Die meisten Deutschen waren sogar zufrieden mit der Diktatur: Es gab einen „starken Mann", der ihnen alle Entscheidungen abnahm. Millionen jubelten Hitler zu.

Wie geht unsere Demokratie mit ihren Gegnern um?

Sich für die Demokratie einzusetzen ist wichtig und notwendig, weil es auch in unserer demokratischen Gesellschaft Menschen und politische Gruppierungen gibt, die die Demokratie abschaffen wollen. Sie nutzen die Freiheit, die jeder Bürger genießt, um für ihre eigenen politischen Überzeugungen zu kämpfen. Meinungsfreiheit bedeutet eben aber auch, dass Menschen mit anti-demokratischen Zielen diese Meinung kundtun dürfen. So wollen zum Beispiel die Rechtsextremen, die Neonazis, wieder einen Führerstaat nach dem Vorbild der Nationalsozialisten Hitlers errichten: An der Spitze des Staates soll ein neuer Führer stehen, der uneingeschränkte Macht hat und wieder „Ordnung" im Staat herstellen soll. Ganz besonders soll er das Land von unerwünschten Ausländern reinigen, weil sie angeblich den Einheimischen die Arbeitsplätze wegnehmen.

Es gibt leider Bürger, die diese Art von Staat gar nicht schlecht finden. Sie glauben, ein „starker Mann" an der Spitze könnte alles besser machen als die jetzigen Politiker mit ihren stundenlangen Streitreden im Bundestag. Und wenn sie dann in der Zeitung von all den kritischen Einwänden gegen Gesetze und dem Verhalten mancher Politiker lesen, wird das schlechte Bild, das sie von unserem Staat haben, bestätigt.

Nun ist es zunächst nicht verboten, gegen die Demokratie zu sein. Gerade das Ideal der Freiheit gilt als besonders wichtig. Nur der ist wirklich frei, der auch eine andere Meinung vertreten kann als die allgemein anerkannte. Und das kann eben auch die Überzeugung sein, dass der Staat einen neuen Führer wie Adolf Hitler braucht.

Andererseits zeigen die geschichtlichen Erfahrungen, dass sich die Demokratie schützen muss. Hitler hat die Weimarer Republik nicht etwa durch einen Staatsstreich, also mit roher Gewalt, beendet, sondern er hat sich an den Wortlaut der Gesetze (wenn auch nicht an die Absichten der Gesetzgeber) gehalten und die Demokratie mit ihren eigenen Mitteln und Freiheiten abgeschafft. So etwas darf nie wieder geschehen.

Unsere Demokratie versteht sich wegen dieser Erfahrungen als streitbare Demokratie. Das bedeutet: Keine Freiheit für die Feinde der Freiheit. Das Grundgesetz sieht daher vor, dass die Freiheit von Menschen eingeschränkt werden kann, deren erklärtes Ziel die Abschaffung der freiheitlich-demokratischen Grundordnung ist. Eine eigene Institution wacht daher über den Bestand des Grundgesetzes: das Bundesverfassungsgericht in Karlsruhe.

Das Bundesverfassungsgericht kann zum Beispiel Parteien verbieten, deren erklärtes Ziel ein nichtdemokratischer Staat ist. Das ist bisher allerdings erst zweimal geschehen. In der Regel hat es ausgereicht, undemokratische Parteien mit demokratischen Mitteln zu bekämpfen, nämlich durch Argumente, so dass sie nur von sehr wenigen Bürgern gewählt wurden.

Eine besondere Treuepflicht gegenüber dem Staat und seinen Zielen erwartet man natürlich von den Beamten und Angestellten dieses Staates. Wenn ein im öffentlichen Dienst Beschäftigter gleichzeitig Mitglied einer Gruppe oder Partei mit verfassungsfeindlichen Zielen ist, muss er mit seiner Entlassung rechnen – und zwar auch dann, wenn die Partei nicht verboten ist.

Besser als Verbote sind aber in jedem Fall Gegengründe. Wer zum Beispiel Kritik an Gesetzen oder Politikern liest und hört, sollte daran denken, dass es ja gerade die Meinungs- und Pressefreiheit in der Demokratie erlaubt, diese Kritik zu äußern. In einer Diktatur wie zum Beispiel unter den Nationalsozialisten wurde jeder, der sich gegen die Regierung oder den „Führer" äußerte, kurzerhand eingesperrt. Und der „starke Mann" hat einen Krieg begonnen, in dem mehr als 20 Millionen Menschen sterben mussten und Europa verwüstet wurde – niemand konnte es verhindern, weil die Kritiker vorher eingesperrt oder umgebracht worden waren.

Warum sollte sich jeder Mensch für Politik interessieren?

Viele Menschen meinen, dass die Politik langweilig und viel zu kompliziert und außerdem ein schmutziges Geschäft sei. Leider wird daraus häufig die Schlussfolgerung gezogen, dass man die Politik besser den Politikern überlasse. Trotz Fernsehen und Zeitungen ist vielen Bürgern Politik völlig fremd; sie verstehen nicht genau, was Parlament und Regierung tun. Sie denken, „die da oben" wüssten es sowieso besser und hätten sicher Recht. Und wenn nicht, könnten sie daran auch nichts ändern – die Politiker kümmerten sich sowieso nicht um die Probleme der „kleinen Leute".

INTERNETADRESSEN

Noch mehr zum Thema Demokratie gibt es unter WWW.MITMISCHEN.DE Dort findest Du das Jugendforum des Deutschen Bundestages. Unter WWW.HANISAULAND.DE machen die Kinderseiten der Bundeszentrale für politische Bildung Lust auf Politik.

Das Holocaust-Mahnmal in Berlin: Das „wogende Steinfeld" soll an die ermordeten Juden Europas erinnern.

Das Brandenburger Tor kurz vor der Maueröffnung

Kindertag im Deutschen Bundestag

Mehrmals im Jahr veranstaltet der Bundestag einen Kindertag, bei dem Kinder und Jugendliche durch das Parlament geführt werden und Informationen über die Arbeit dort bekommen. Vielleicht kannst auch du mit deiner Schulklasse einmal an einem solchen Tag teilnehmen. Dein Lehrer muss sich dafür an folgende Adresse wenden: Besucherdienst des Bundestages, Stichwort „Kindertag“, Platz der Republik 1, 11011 Berlin

Dabei wird unser Alltag ständig von Entscheidungen der Politiker beeinflusst. Wenn der Vater Maurer ist und plötzlich arbeitslos wird, mag daran die Wohnungsbaupolitik der Regierung schuld sein. Wenn in der Schule ständig Stunden ausfallen, weil zu wenig Lehrer da sind, hat vermutlich ein Sparbeschluss des Landeskultusministers zu diesem Missstand geführt. Und wenn ein Kind keinen Platz im Kindergarten findet, kann die Ursache sein, dass die Gelder zum Bau von Kindergärten gekürzt wurden.

Wer sich also nicht für Politik interessiert, lässt sich von Leuten regieren, die sich dafür interessieren – und damit über sein Leben bestimmen können. Politik geht uns alle an. Jeder muss einen Teil der Verantwortung für das Gemeinwesen übernehmen. Wer sich davor drückt, lässt die gerade Herrschenden frei schalten und walten. Deshalb ist es auch so wichtig, an Wahlen teilzunehmen.

Besonders spürbar ist die Demokratie in der Kommunalpolitik, da jeder von den Entscheidungen unmittelbar betroffen ist: Die Gemeinde beschließt, ob etwa ein Freibad oder ein Museum gebaut, eine Buslinie verlegt, Kindergärten und Schulen eingerichtet werden sollen.

Es ist keineswegs allein der Bürgermeister und seine Verwaltung, die diese Dinge beschließen. Oberstes Entscheidungsorgan ist in den Gemeinden der Gemeinderat, der mit gewählten Bürgern besetzt ist, die Grundzüge der Gemeindepolitik festlegt und die Verwaltung kontrolliert. Hier findet man Demokratie „zum Anfassen“: Jeder volljährige Bürger kann sich in den Gemeinderat wählen lassen, und die meisten Sitzungen sind öffentlich, können also von jedem Interessierten besucht werden.

Das kostet zwar etwas Zeit, die dem Privatleben verloren geht. Aber es hilft uns allen, den demokratischen Staat zu bewahren, dem wir unser Leben in weitgehender Sicherheit und Freiheit verdanken.

Nur wer sich über Demokratie und Politik informiert, kann sie aktiv mitgestalten.

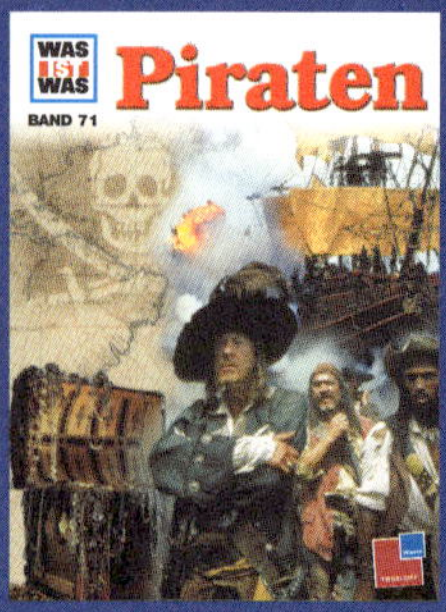

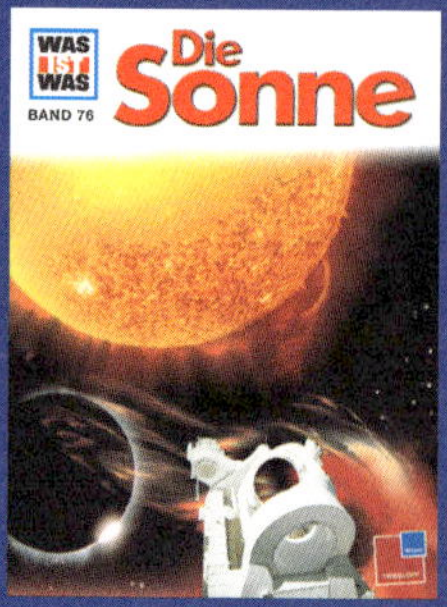

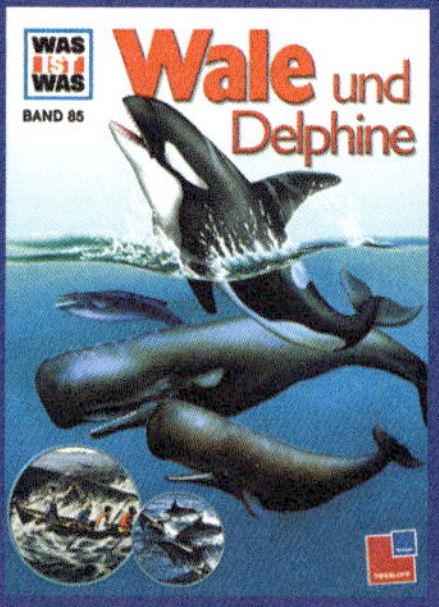

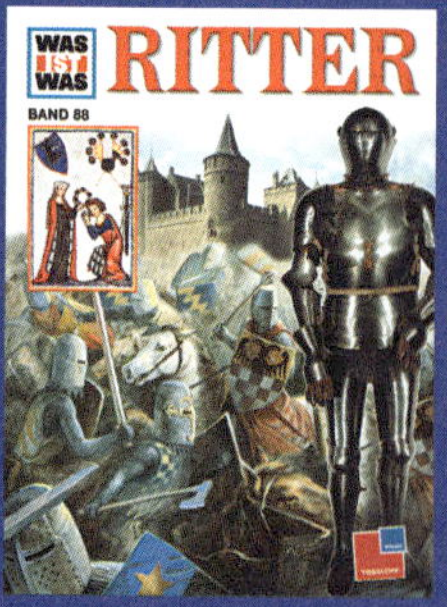

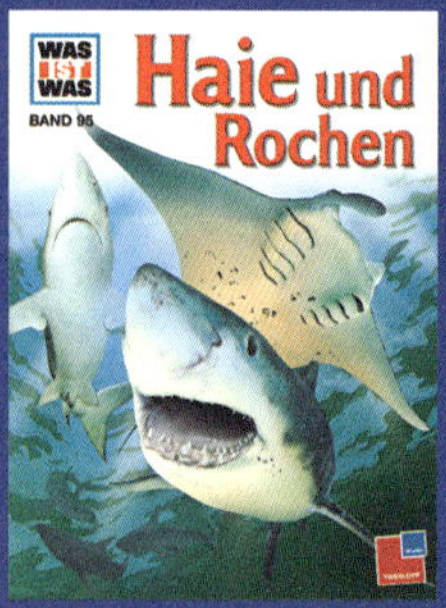

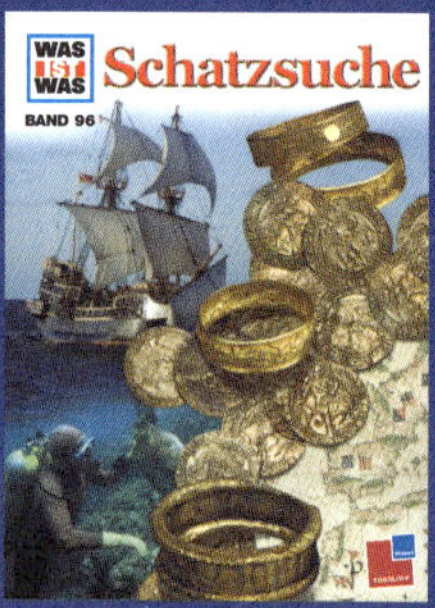

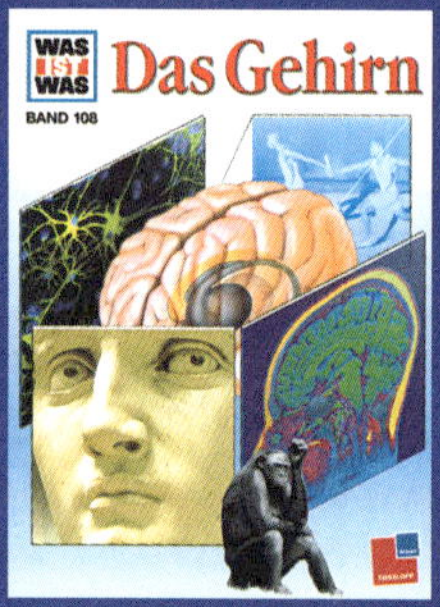

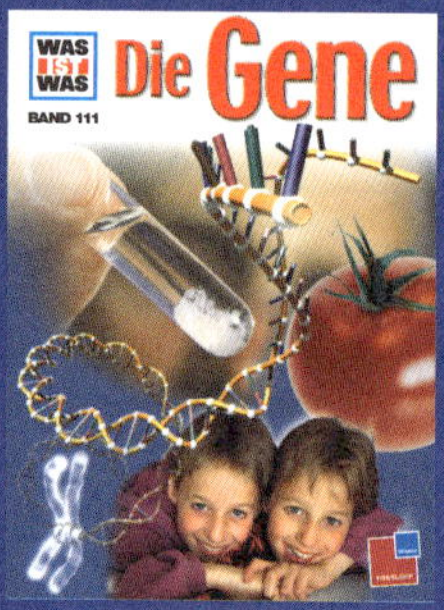

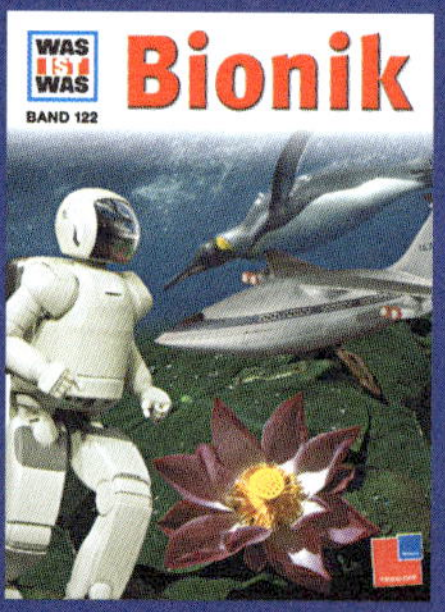

Die Reihe wird fortgesetzt.